AF640295

Ahrens · Walter / Datenbanksysteme

In Zusammenarbeit mit der GES –
Gesellschaft für elektronische Systemforschung e. V. Bühl

Datenbanksysteme

von

Friedhelm Ahrens und Helmut Walter

in Zusammenarbeit mit der

GES-Gesellschaft für elektronische
Systemforschung e. V. Bühl

mit 74 Abbildungen

Walter de Gruyter · Berlin · New York · 1971

©

Copyright 1971 by Walter de Gruyter & Co., vormals G. J. Göschen'sche Verlagshandlung — J. Guttentag, Verlagsbuchhandlung — Georg Reimer — Karl J. Trübner — Veit & Comp., Berlin 30. — Alle Rechte einsch. der Rechte der Herstellung von Photokopien und Mikrofilmen, vom Verlag vorbehalten. —
Satz und Druck: Saladruck, Berlin — Printed in Germany

ISBN 3 11 003668 1

Vorwort

In vielen Bereichen der Wirtschaft und Verwaltung werden heute Informationssysteme mit Hilfe elektronischer Datenverarbeitungsanlagen (EDVA) geplant und sind auch auf Teilgebieten schon realisiert. Man hat erkannt, daß sinnvolle Entscheidungen nur auf der Grundlage einer umfassenden Information zu fällen sind.

Bei der Errichtung von Informationssystemen sind neben einer EDVA — mit der für den jeweiligen Kommunikationsbereich spezifischen Hardware — komplexe Softwaresysteme notwendig. Diese Softwaresysteme werden als Datenbanksysteme (Data Base Management Systems) bezeichnet und stellen die softwaremäßige Voraussetzung bei der Implementierung von Informationssystemen auf EDVA dar.

In den USA wurde seit 1960 mit der Entwicklung solcher Datenbanksysteme begonnen. Die Initiative hierfür kam wenigstens in der Anfangsphase der Entwicklung ausschließlich von Seiten militärischer Auftraggeber. Die Ergebnisse ließen jedoch bald erkennen, daß der seinerzeitige Stand sowohl der Datenträger- als auch der Kommunikationsperipherie ein wesentliches Hindernis für den allgemeinen Einsatz solcher Systeme darstellte. Durch die entscheidenden Verbesserungen, die zwischenzeitlich die Rechnerperipherie erfahren hat, konnte dieses Handicap weitgehend behoben werden.

Die gegenwärtige Zielsetzung bei der Entwicklung von Datenbanksystemen ist der allgemein anwendbare Einsatz und eine weitere Verbesserung der kommunikativen Beziehung zwischen Benutzer und Rechenanlage auf der einen Seite und die Einordnung solcher Systeme in überregionale Datenbankverbundsysteme auf der Basis nichtkompatibler Rechnerfamilien und der Kommunikation derartiger Systeme auf der anderen Seite.

Heute kann es sich ein Computerhersteller nicht mehr leisten, dem Kunden in seinem Softwarepaket kein Datenbanksystem anzubieten. In manchen Bereichen ist die Qualität der angebotenen Datenkbanksoftware sogar ein wesentliches Kriterium für den Kunden, sich für den einen oder anderen Hersteller zu entscheiden. In zunehmendem Maße werden solche Datenbanksysteme auch von Softwarefirmen entwickelt, und es ist heute schon nicht mehr leicht, das vielfältige Angebot zu überschauen.

Die verfügbaren Manuals setzen in der Regel Grundkenntnisse voraus, so daß einem Außenstehenden das Verständnis des jeweiligen Systems stark erschwert, wenn nicht sogar unmöglich gemacht wird. Belastend für ein objektives Studium der Datenbanksysteme kommt noch hinzu, daß die verwendeten Begriffe nicht einheitlich definiert sind, sondern jedes System eigene firmenabhängige Terminologien besitzt.

Ziel dieses Buches soll es sein, einen Einblick in die Datenbanksysteme zu vermitteln, die im deutschen Sprachraum verfügbar sind und eingesetzt werden. Alle Systeme wurden bewußt unter denselben Gesichtspunkten und unter einer einheitlichen Gliederung vorgestellt, um eine möglichst objektive Funktionsbeschreibung zu gewährleisten und dem Leser die Einarbeitung zu erleichtern.

Das Kapitel Grundlagen bildet im wesentlichen die Basis für das Verständnis von Datenbanken und Informationssystemen. Ein Glossary am Ende des Buches soll die wichtigsten im Text verwendeten Begriffe definieren.

Für die wertvolle Mitarbeit danken wir Frau Dorothea Bechtold.

Bühl/Konstanz, im Juni 1971

Die Autoren

Inhaltsverzeichnis

1. Einführung in Datenbanken und Informationssysteme 11

2. Grundlagen 14

2.1. Datenorganisation 14
2.1.1. Informationsgehalt der Daten 14
2.1.2. Datenbeschreibung 15
2.1.3. Funktionelle Organisation der Daten 16
2.1.4. Datenstruktur 17
2.1.5. Maschinenbezogene Organisation von Daten 21

2.2. Datenträger 24

2.3. Organisationsformen 27
2.3.1. Speicherungs- und Verarbeitungsformen 27
2.3.1.1 Starr fortlaufende Speicherungs- und Verarbeitungsform 27
2.3.1.2. Logisch fortlaufende Speicherungs- und Verarbeitungsform 28
2.3.1.3. Die indexsequentielle Speicherungs- und Verarbeitungsform 31
2.3.1.4. Die gestreute Speicherungs- und Verarbeitungsform 35
2.3.2. Adreßverkettung 39
2.3.3. Datenverdichtung 45

2.4. Verkehr mit Datenbanken 46
2.4.1. Software-Komponente eines Datenbanksystems 46
2.4.2. Datenbeschreibungssprache 48
2.4.3. Datenmanipulationssprache 49
2.4.4. Kommunikationssprache 50

2.5. Exekutive und operierende Systeme 53

3. Datenbanksysteme 54

3.1. Übersicht über die Systeme 54

3.2. Systematik der Beschreibung 56

4. IDS 64

4.1. Einführung in das System 64
4.1.1. Name des Systems 64
4.1.2. Hersteller 64
4.1.3. Kurzbeschreibung 64
4.1.4. Dokumentation 65

4.2. Datenorganisation 65
4.2.1. Datenstruktur 65
4.2.2. Speicherungsform 68
4.2.3. Datenbeschreibung 72

4.3. Funktionen des Systems 75
4.3.1. Anfragen an die Datenbank 75
4.3.2. Datenbankänderung 76

4.3.3. Datenbankaufbau 78
4.3.4. Weitere Funktionen 78
4.4. Konfiguration und Betriebsssystem 79

5. GIS 80
5.1. Einführung in das System 80
5.1.1. Name des Systems 80
5.1.2. Hersteller 80
5.1.3. Kurzbeschreibung 80
5.1.4. Dokumentation 81
5.2. Datenorganisation 81
5.2.1. Datenstruktur 82
5.2.2. Speicherungsform 83
5.2.3. Datenbeschreibung 84
5.3. Funktionen des Systems 86
5.3.1. Anfragen an die Datenbank 86
5.3.2. Datenbankänderung 88
5.3.3. Datenbankaufbau 89
5.3.4. Weitere Funktionen 90
5.4. Konfiguration und Betriebssystem 90

6. IMS 91
6.1. Einführung in das System 91
6.1.1. Name des Systems 91
6.1.2. Hersteller 91
6.1.3. Kurzbeschreibung 91
6.1.4. Dokumentation 92
6.2. Datenorganisation 92
6.2.1. Datenstruktur 92
6.2.2. Speicherungsform 93
6.2.3. Datenbeschreibung 95
6.3. Funktionen des Systems 96
6.3.1. Anfragen an die Datenbank 97
6.3.2. Datenbankänderung 98
6.3.3. Datenbankaufbau 99
6.3.4. Weitere Funktionen 99
6.4. Konfiguration und Betriebssystem 100

7. DBS 101
7.1. Einführung in das System 101
7.1.1. Name des Systems 101
7.1.2. Hersteller 101
7.1.3. Kurzbeschreibung 101
7.1.4. Dokumentation 102

7.2. Datenorganisation 102
7.2.1. Datenstruktur 102
7.2.2. Speicherungsform 104
7.2.3. Datenbeschreibung 107
7.3. Funktionen des Systems 110
7.3.1. Anfragen an die Datenbank 110
7.3.2. Datenbankänderung 112
7.3.3. Datenbankaufbau 113
7.4. Konfiguration und Betriebssystem 113

8. ADABAS 114
8.1. Einführung in das System 114
8.1.1. Name des Systems 114
8.1.2. Hersteller 114
8.1.3. Kurzbeschreibung 114
8.1.4. Dokumentation 115
8.2. Datenorganisation 115
8.2.1. Datenstruktur 115
8.2.2. Speicherungsform 117
8.2.3. Datenbeschreibung 118
8.3. Funktionen des Systems 120
8.3.1. Anfragen an die Datenbank 120
8.3.2. Datenbankänderung 122
8.3.3. Datenbankaufbau 123
8.3.4. Weitere Funktionen 124
8.4. Konfiguration und Betriebssystem 126

9. POLIS 127
9.1. Einführung in das System 127
9.1.1. Name des Systems 127
9.1.2. Hersteller 127
9.1.3. Kurzbeschreibung 127
9.1.4. Dokumentation 128
9.2. Datenorganisation 128
9.2.1. Datenstruktur 128
9.2.2. Speicherungsform 129
9.2.3. Datenbeschreibung 129
9.3. Funktionen des Systems 130
9.3.1. Anfragen an das System 130
9.3.2. Datenbestandsänderung 140
9.3.3. Datenbankaufbau 141
9.4. Konfiguration und Betriebssystem 142

Glossary 143

Literaturverzeichnis 149

Stichwortverzeichnis 151

1. Einführung in Datenbanken und Informationssysteme

Der Einsatz von Informationssystemen ist hauptsächlich durch den wachsenden Informationsbedarf notwendig geworden, der nicht zuletzt durch die wirtschaftliche und technische Entwicklung bedingt ist. Diesem Informationsbedarf steht ein „Überangebot" an Informationen gegenüber und das Hauptproblem ist nicht, diese Informationen lediglich zu sammeln, sondern aus der Menge der Informationen die für den jeweiligen Informationssuchenden relevanten herauszufinden. Betrachtet man z. B. den betriebwirtschaftlichen Bereich, so erkennt man, daß der Erfolg der Unternehmensführung durch zunehmende Komplexität der wirtschaftlichen und technologischen Entwicklung innerhalb des ebenfalls zunehmenden Konkurrenzkampfes stark von der Qualität und nicht von der Quantität der Informationen abhängt und somit das eigentliche Führungsproblem zu einem echten Informationsproblem geworden ist.

Aus der pragmatischen Perspektive betrachtet, kann man Informationssysteme als Datenorganisationsformen auf Rechenanlagen definieren, die bestimmte Vorgänge und Abläufe in Kommunikationsprozessen unterstützen. Diese Vorgänge und Abläufe müssen, damit sie überhaupt maschineller Bearbeitung zugänglich sind, *formalisier-* und damit *automatisierbar* sein.

Unter einem Kommunikationsprozeß soll hier grundsätzlich ein Vorgang verstanden werden, in dem Nachrichten zwischen Sender und Empfänger ausgetauscht werden. Kommunikationspartner, also Sender *und* Empfänger sind in einem Informationssystem vorzugsweise Mensch und Maschine.

Es gibt Anwendungsbereiche, in denen die Geschwindigkeit des Kommunikationsvorganges eine entscheidende Rolle spielt. Stellvertretend für solche Informationssysteme soll hier nur das Flugsicherungssystem erwähnt werden. Bei diesem System werden — bedingt durch die von der Aufgabe her geforderte kurze Reaktionszeit — die Daten im Kernspeicher einer Datenverarbeitungsanlage gehalten, so daß Eingabe, Auswertung und Ausgabe nahezu ohne Zeitverlust erfolgen. Man bezeichnet auch solche Systeme als *direkte Informationssysteme.*

Bei den meisten Informationssystemen nimmt jedoch das Datenvolumen ein so großes Ausmaß an, daß dieses nicht mehr im Kernspeicher gehalten werden kann, sondern auf externe Speichermedien ausgelagert werden muß. Beispiele solcher Systeme sind auf der einen Seite Management-Informationssysteme, Führungssysteme für industrielle, militärische, administrative oder wissenschaftliche Zwecke und die Dokumentationssysteme (Informationsbereitstellungssysteme) mit ihrem breiten Anwendungsspektrum auf der anderen Seite. Bei all diesen Systemen ist die Menge der zu verwaltenden Daten bzw. die Vielfalt der Möglichkeiten, unter denen die Daten ausgewertet und manipuliert werden können, kritischer als die Geschwindigkeit der Auskunftserteilung und Informationsauswertung.

Das Auslagern dieser Daten auf periphere Speicher und das relativ schnelle Bereitstellen einer Teilmenge dieser Daten zum Zweck spezieller Auswertungen ist erst durch die neuere Hard- und Softwareentwicklung möglich geworden. Das klassische Konzept der bandorientierten EDV-Systeme, die auch unter dem Begriff der „integrierten Datenverarbeitung" bekannt sind, führte die Stammdaten eines Organisationsbereiches ablaufbezogen und dezentral.

Die Aufteilung des Gesamtvolumens in eine Vielzahl funktioneller Einzeldateien (Stammbänder) erfolgte im wesentlichen nach dem Kriterium der Auswertbarkeit, mit dem Erfolg, daß viele Daten im System mehrfach gehalten wurden und dadurch die Datenredundanz sich nicht selten zum systembelastenden Faktor entwickelte. Die Beschreibung der Datengruppen und -elemente erfolgte ausschließlich in den einzelnen Programmen, die diese Dateien verarbeiten.

Durch den Einsatz von Magnetplatten- und Trommelspeichern kam gegenüber der sequentiellen Magnetbandspeicherung der diesen Medien spezifische Vorteil des Direktzugriffs hinzu. Diese Neuerung war ein entscheidender Schritt auf dem Weg zur angestrebten *Datenintegration.* Mittels geeigneter Organisationsformen können die multiplen funktionell organisierten Einzeldateien eines Unternehmens zu einem integrierten Datenbestand zusammengefaßt werden. Eine solche Zusammenfassung bezeichnet man als *Datenbank.* Unter einem Datenbanksystem wird ein System verstanden, das zum Führen und Verwalten von großen Datenmengen auf Direktzugriffsspeichern eingesetzt wird. Wesentliches Merkmal dabei ist, daß sich das Kriterium für den Aufbau dieser Datenbank nach den Daten und ihren Strukturen richtet und die spätere funktionelle Auswertbarkeit der Daten keine Rolle spielt. Nur eine solche datenbezogene statt funktionsbezogene Organisation macht es möglich, daß universelle und vielschichtige Auswertungen dieser Daten vorgenommen werden können.

Es ist leicht zu erkennen, daß für solch eine angestrebte Datenintegration umfangreiche Softwareleistungen benötigt werden, die diese komplexen Probleme organisatorischer, datentechnischer und methodischer Art bewältigen. Dies führte zur Notwendigkeit der Entwicklung von allgemein anwendbaren *Datenbanksystemen.*

Die mit Hilfe der Datenbank verifizierte Datenintegration kann also nur als ein Baustein innerhalb eines wirklich integrierten Informationssystems betrachtet werden. Um dieses Ziel zu verwirklichen, bedarf es einer übergreifenden Integration von:

Systemkomponenten
— Hardware
— Software
— Daten
— Methoden
— Programme

Organisation des Anwendungsfalles
— Datenerfassung
(wo entstehen Daten)
— Informationsfluß
(wer braucht welche Daten zu welcher Zeit)

Die Hardware-Komponente eines Informationssystems wird von zwei Faktoren wesentlich bestimmt. Sie unterliegt zunächst einmal den aufgabenspezifischen Anforderungen, die an den reinen Kommunikationsbereich gestellt werden, hierunter werden speziell die der Kommunikation dienenden Datennetze mit der Terminalperipherie wie Fernschreiber, Sichtgerät und die zur echten Integration unerläßlichen Direktzugriffsspeicher verstanden. Zum anderen soll die Hardware-Komponente so ausgestattet sein, daß konventionelle Aufgaben im Rechenzentrumsbetrieb bearbeitet werden können.

Die Software-Komponente stellt eine integrierte Zusammenfassung aller Steuerungs-, Verwaltungs- und Dienstleistungsroutinen dar, die einen optimalen Betrieb mit einer Rechenanlage erst ermöglichen.

Weitere wesentliche Systemfaktoren sind komplexe Datenbankutilities, wie Wartungs- und Reorganisationsroutien, sowie eine vom Benutzer beliebig zu erweiternde Methodenbank, die von den Techniken des Operations Research bis hin zur Simulationstechnik reicht.

2. Grundlagen

2.1. Datenorganisation

Ein informationsverarbeitendes System basiert auf dem Zusammenwirken dreier Elemente: *Rechenanlage, Programmbasis, Datenbasis,* wobei die Rechenanlage die Voraussetzung für die beiden übrigen Elemente darstellt.

Die Programmbasis kann als eine Zusammenfassung der Menge der Befehle, Instruktionen und Programme bezeichnet werden, die den Ablauf innerhalb eines informationsverarbeitenden Systems regelt und steuert. Neben dem vom Hersteller gelieferten Programmpaket (Steuer- und Programmsystem) besteht die Programmbasis aus den vom Benutzer geschriebenen Anwendungsprogrammen. Für den Inhalt der Datenbasis zeichnet sich in der Regel der Kunde selbst verantwortlich, denn es sind ja in erster Linie seine Daten, die er dem System zur Verfügung stellt. Hiermit ist aber die freie Entscheidung des Benutzers hinsichtlich der Konstruktion einer Datenbasis meist schon beendet. Alle Fragen, die die Organisation, das Format und die Wiedergewinnung der Daten betreffen, sind zum größten Teil wiederum abhängig von den spezifischen Eigenschaften des jeweiligen Systems.
Was aber sind Daten?

2.1.1. Informationsgehalt der Daten

Daten sind allgemein Buchstaben, Ziffern oder Symbole, die sich auf ein Objekt, eine Realität, eine Bedingung oder andere Faktoren beziehen oder solche beschreiben. Damit Daten überhaupt eine Aussage, einen Informationsgehalt, übermitteln können, müssen drei Faktoren vorhanden sein:

1. Das Format der Daten
2. Das Subjekt des Gegenstandes
3. Der ihm zugewiesene Wert

Dieser Zusammenhang soll an einem Beispiel verdeutlicht werden.

Beim Vorliegen der Zahl 25031945 hat man keinerlei Aussage über den Informationsgehalt dieser Date, wenn nicht gleichzeitig mitgeteilt wird, daß der Gegenstand, auf den Bezug genommen wird, das Geburtsdatum einer Person ist und daß diese Zeitangabe den Wert: Tag, Monat, Jahr besitzt und das Format XX. für Tag, XX. für Monat und XXXX für Jahr zugewiesen wurde.

Einer Datenverarbeitungsanlage, die beim Vorliegen einer solchen Zahl bekanntlicherweise nicht von sich aus diese Dinge differenzieren kann, müssen der Eindeutigkeit wegen alle drei Faktoren mitgegeben werden.

Für die Kommunikation Mensch-Maschine sind die Daten an bestimmte vereinbarte Zeichen gebunden, die nach bestimmten, ebenfalls vereinbarten Regeln zusammengesetzt werden (Semantik). Ein Zeichen ist die Grundeinheit aus einem limitierten, definierten Vorrat an Symbolen, der für einen Kommunikationsbereich deklariert wurde. In der EDV wird der Begriff im allgemeinen auf zwei Zeichengruppen angewendet:

— binäre Zeichen
— Ziffern, Buchstaben und Sonderzeichen, also die Schriftzeichen der Sprache

Aus diesem Zeichenvorrat werden die Daten aufgebaut. Nach der Art der für den Aufbau verwendeten Zeichen unterscheidet man folgende Datentypen, die aus Abb. 2-1 ersichtlich sind.

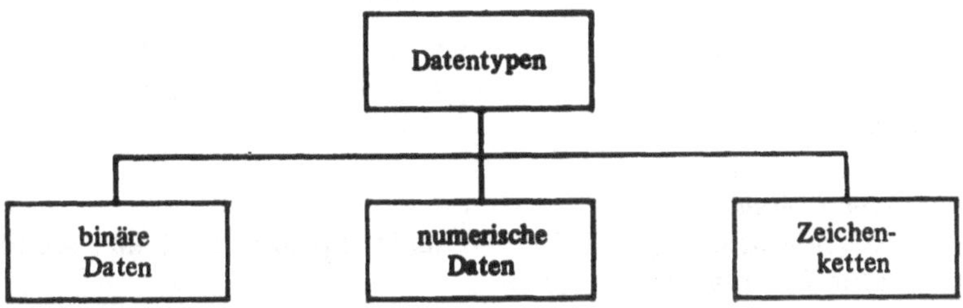

Abb. 2-1 Datentypen

2.1.2. Datenbeschreibung

Für die Wert- und Subjektzuweisung von Daten unterscheidet man zwei Arten: die explizite und die implizite Datenbeschreibung. Unterscheidungsmerkmal hierfür ist die Frage des Ortes, wo die Datenbeschreibung gespeichert ist, ob in den Daten selbst (implizit) oder in dem zu verarbeitenden Programm (explizit) (Abb. 2-2).

Aus dieser Abbildung ist der unterschiedliche Speicher- und Kommunikationsaufwand ersichtlich, der bei der jeweiligen Form der Datenbeschreibung auftritt. Welche wichtige Funktion die Datenbeschreibung innerhalb eines Datenbanksystems besitzt und welche Möglichkeiten sich dem Benutzer für deren Errichtung bietet, soll später noch näher erörtert werden.

Speicherung der Daten \ Beschreibung	Beschreibung in Daten - implizit -	Beschreibung im Programm - explizit -
25031943	– . –	Format Subjekt Wert
25. 03. 1943	Format	Subjekt Wert
Geburtsdatum = 25. Tag 03. Monat 1943 Jahr	Format Subjekt Wert	– . –

Abb. 2-2 Explizite und implizite Datenbeschreibung

2.1.3. Funktionelle Organisation der Daten

In einem informationsverarbeitenden System werden für die Be- und Verarbeitung von Daten diese nun aufsteigend in ganz bestimmten Gruppierungen zusammengefaßt:

Datenelement (item)

Es ist die kleinste logische Dateneinheit, die sich nicht aus weiteren logischen Einheiten zusammensetzt.

Der Platz, der auf einem Datenträger für die Aufnahme eines Datenelementes zur Verfügung steht, heißt *Feld,* er kann unter einem Namen, *Feldnamen* (label), der ihm zugeordnet ist, angesprochen werden.

Datengruppe (group)

Mehrere Datenelemente, die bezüglich eines Merkmals logisch zusammengehören, also etwa Geburtstag, -monat, -jahr, sowie Name und Vorname auf einer Personalkarte, bezeichnet man als Datengruppe.

Datensatz (record)

Er ist eine sachliche und/oder logische Einheit von Datenelementen und Datengruppen, die unter einer Identifizierung zusammengefaßt werden; z. B. sämtliche Personaldaten eines Angestellten in einer Personaldatei, die unter seiner Personalnummer zusammengefaßt werden.

Datei (file)

Faßt man jeweils alle Sätze eines Typs unter einem Namen zusammen, so erhält man eine Datei. Ein einzelner Satz innerhalb einer Datei wird angesprochen, indem zuerst die Datei unter ihrem Namen und dann der Satz unter seiner Ordnungsnummer (Identifikation) aufgerufen wird.

Strukturdatei (data base)
Werden Sätze verschiedener Dateien, die zu einem Organisationsbereich gehören, logisch miteinander verknüpft, so spricht man von einer Strukturdatei bzw. integrierten Datei.

Datenbank (data bank)
Die Organisationsform, die die Zusammenfassung sämtlicher Dateien eines Organisationsbereiches darstellt, wird als Datenbank bezeichnet.

2.1.4. Datenstruktur

Um die spezifischen Anforderungen unterschiedlicher Bearbeitungsebenen leicht erfassen und beschreiben zu können, hat man auf der Datenelementenebene übergeordnete Betrachtungsweisen eingeführt, die sich in zwei Gruppierungsprinzipien zusammenfassen lassen.

Erkennungsmerkmal der ersten Datengruppierung ist, daß die einzelnen Datenelemente vom gleichen Typ sind und ihre Attribute nicht mitgeführt, sondern direkt mit dem Namen der Gruppe assoziiert werden. Treten diese Elemente in eindimensionaler Anordnung auf, so bezeichnet man sie als eine *Liste* oder einen *Vektor*. Sind sie mehrdimensional angeordnet, so werden sie mit *Bereichen, Matrizen* oder *Tabellen* bezeichnet (Abb. 2-3).

Preistabelle

Artikel	Menge	Preis
3218	1500	18
1917	50	210
1341	5000	18
218	780	350
1110	35	1890

5 Zeilen
3 Spalten

Abb. 2-3 Beispiel einer 3-dimensionalen feldorientierten Datengruppierung (Matrix)

Liegen jedoch Datenelemente unterschiedlichen Typs vor und sind deren Attribute ungleich, so werden sie nach dem zweiten Gruppierungsprinzip angeordnet. Eine solche Anordnung wird als *Struktur* bezeichnet (Abb. 2-4). Elemente dieser Struktur können wiederum Strukturen bzw. Matrizen sein.

Einwohner-Personaldaten										1. Stufe
Name		1. Wohnsitz			2. Wohnsitz			Geburtsdatum		2. Stufe
Nachname	Vorname	PLZ	Ort	Straße	PLZ	Ort	Straße	Geburtstag	Geburtsort	3. Stufe
Krohm	Klaus	53	Bonn	Karlsstr. 9	475	Unna	Moosstr. 2a	24. 5. 1947	Berlin	

Abb. 2-4 Beispiel einer dreistufigen feldorientierten Datengruppierung (Struktur)

Hinsichtlich ihrer Struktur werden nun folgende Satztypen unterschieden:

— Einfachsatz
— Mehrfachsatz
— Vielfachsatz

Der Einfachsatz fester oder variabler Länge

Sätze dieses Typs bestehen nur aus ihrer Identifikation (Ordnungsbegriff) und einem Feld, das nicht weiter aufgeteilt ist.

Bei Einfachsätzen *variabler* Länge ist das Feld für das Datenelement genau so lang, wie die darin enthaltene Information. Bei Einfachsätzen *fester* Länge entspricht die Länge des Datenfeldes der längsten zu erwartenden Information. Ist die tatsächliche Information kürzer, so wird der restliche Platz nicht genutzt (siehe Abb. 2-5).

EINFACHSÄTZE

a) fester Länge

Identifikation	Datenfeld
1068	BAUMGARTNER PETER
1069	BUCH OTTO
1070	BUCHENHEIMER FERDINAND

b) variabler Länge

Identifikation	Datenfeld
1068	BAUMGARTNER PETER
1069	BUCH OTTO
1070	BUCHENHEIMER FERDINAND

Abb. 2-5 Darstellung von Einfachsätzen

Der Mehrfachsatz fester oder variabler Länge

Der Mehrfachsatz besteht aus einer festgelegten Folge von Feldern, denen jeweils ein Name zugeordnet ist. Alle Sätze, die in einer Datei geführt werden, haben den gleichen Aufbau und werden innerhalb der Datei durch eine Nummer identifiziert. Die im Mehrfachsatz definierten Felder sind alle ranggleich, d. h. sie stehen auf der gleichen Stufe.

Bei Mehrfachsätzen variabler Länge kann ein Datenteil aus singulären Datenfeldern bestehen, ein weiterer aus Datenfeldern, die periodisch auftreten. Je nach der Anzahl dieser Datenfeldperioden verlängert sich also die Gesamtlänge des Datensatzes (Abb. 2-6).

MEHRFACHSÄTZE

a) Fester Länge

Identifikation	Datenteil			
Personalnummer	**Name**	**Vorname**	**Geburtstag**	**Abteilung**
3068	FUX	OTTO	240730	F5/36
3069	KAIN	HANS	310125	M4/25
3070	MUWE	ELSE	300648	R7/47
3071	RUCH	DORIS	160945	T7/55

b) Variabler Länge

Identifikation	Datenteil singulär			Datenteil periodisch		
Personalnummer	**Name**	**Vorname**	**Geburtstag**	**Abteilung**		
6740	BECHT	FRITZ	041239	R7/10	G3/14	
6741	ZORN	MAX	010129	G3/12		
6742	STARK	VRENI	311243	F3/11	R5/17	T3/16

Abb. 2-6 Darstellung von Mehrfachsätzen
In dieser schematischen Aufzeichnung wird davon ausgegangen, daß im Datensatz alle Abteilungen geführt werden, die der Mitarbeiter schon durchlaufen hat. Das Datenfeld Abteilung kann daher periodisch auftreten und somit die tatsächliche Satzlänge verändern.

Einfach- und Mehrfachsätze werden wegen ihres Aufbaus aus ranggleichen Segmenten auch *linear-organisierte* oder *eindimensionale Datensätze* genannt.

Die lineare Organisation ist natürlich grundsätzlich wenig geeignet, die spezifischen Anforderungen unterschiedlicher Bearbeitungsebenen gleichmäßig zu erfüllen. Müssen Informationssysteme simultan die Informationsbedürfnisse aller Funktionsebenen eines hierarchisch gegliederten Organisationsbereiches erfüllen, so erfordern sie den Aufbau von Datenbanken mit strukturierten bzw. nicht linearen Datensätzen. Nur auf diesem Weg lassen sich umständliche und zeitaufwendige Sortier- und Aufbereitungsprogramme vermeiden, die ansonsten erforderlich wären, um die benötigten Eingabedaten jeweils bereitzustellen.

Der Vielfachsatz, einfach oder mehrfach strukturiert

Beim Vielfachsatz sind die satzbildenden Segmente nicht mehr ranggleich. Sie lassen sich unterschiedlichen hierarchischen Stufen zuordnen. Der Satz erhält hierdurch eine „baumartige“ Struktur, d. h. jedes Segment kann einen oder mehrere Nachfolger aber nur einen Vorgänger besitzen. Die „Tiefe“ derartiger Strukturen ist praktisch unbegrenzt.

Von einfach strukturierten Vielfachsätzen spricht man, wenn alle auf einer hierarchischen Stufe auftretenden Segmente gleichen Typs sind, d. h. die in einer Stufe in beliebiger Anzahl erscheinenden Segmente alle den gleichen Feldaufbau haben.

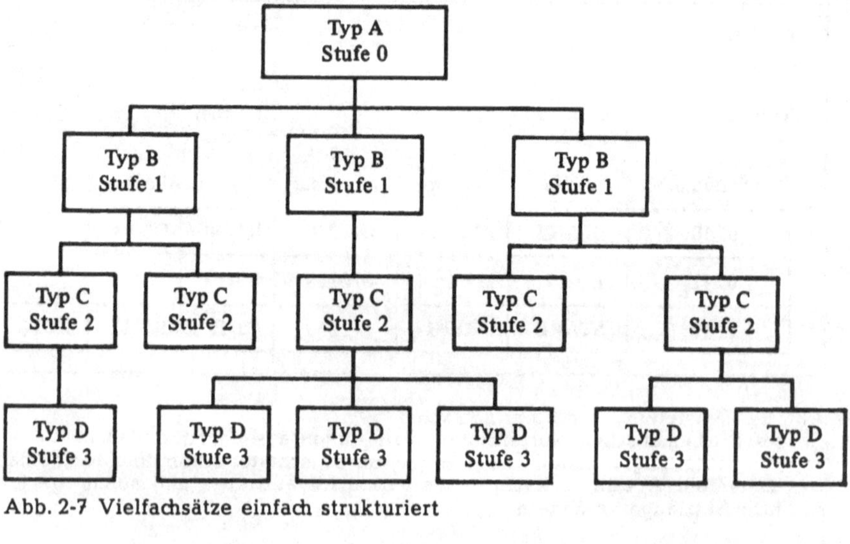

Abb. 2-7 Vielfachsätze einfach strukturiert

Bei vielfach strukturierten Vielfachsätzen können die Segmente einer Stufe auch im Aufbau verschieden sein. Es können in einer Stufe also Segmente verschiedenen Typs in beliebiger Anzahl auftreten.

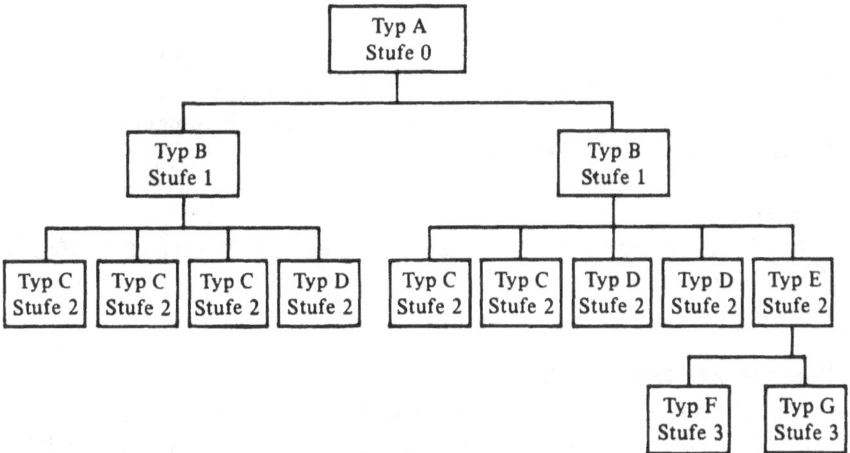

Abb. 2-8 Viefachsätze vielfach strukturiert

Die Abb. 2-7 und 2-8 sollen den Unterschied zwischen einfach und vielfach strukturierten Datensätzen noch einmal veranschaulichen.

Bezüglich der Leistungsfähigkeit von Datenbanken mit strukturierten Datensätzen ist zu bemerken:

— Es muß nicht mehr der ganze Satz aufgerufen und durchsucht werden, wenn die gewünschte Information nur in einem Segment zu finden ist (selektierter Output).

— Es lassen sich auch Daten für noch nicht vereinbarte Bearbeitungsverfahren zusammenstellen.

2.1.5. Maschinenbezogene Organisation von Daten

Neben den bisher geschilderten funktionellen und logischen Aufbausystemen von Daten bestehen aufsteigend Strukturen, die sich auf den besonderen maschinellen Bedingungen ergeben.

Das Bit

Bei elektronischen Rechenmaschinen werden die Symbole für die Kommunikation durch elektrische Signale dargestellt. Beim Digitalrechner sind jedoch nur zwei Zustände von Bedeutung:

— Spannung vorhanden
— Spannung nicht vorhanden

Der jeweilige Status wird durch L (bzw. 1) oder 0 symbolisiert. Die kleinste Einheit, mit der diese beiden Alternativen dargestellt werden können, ist das Bit.

Das Byte

Das Byte ist eine bestimmte, definierte Anzahl von Bits, die bei der Verarbeitung als Einheit behandelt wird. Im allgemeinen handelt es sich heute um Bytes von 8 Bit Länge, mit der alle alphanumerischen Zeichen dargestellt werden können.

Das Wort

Das Wort ist eine zusammengehörige Folge von Zeichen (Bits, Bytes), die von einer Rechenanlage gemeinsam mit *einem* Befehl bearbeitet und gespeichert wird.

Der physische Satz (physical record)

Der physische Satz wird auch Datenträgersatz oder Block genannt. Der Block ist die Einheit, die beim Aufruf eines Transportbefehls zwischen peripherem Speicher und Zentraleinheit transportiert wird.

Nach den Konventionen der ECMA (*E*uropean *C*omputer *M*anufactoring *A*ssociation) werden folgende Typen physischer Sätze unterschieden:

— Sätze *f*ester Länge (Format F)

Wenn alle Sätze einer Datei die gleiche Länge haben, ist innerhalb dieser Datei keine Anzeige der einheitlichen Länge erforderlich.

— Sätze *v*ariabler Länge (Format V)

Wenn die Sätze in einer Datei nicht alle die gleiche Länge haben, muß die Länge jedes Satzes (d. h. die Anzahl der Zeichen, die er enthält) im ersten Feld innerhalb des Satzes aufgezeichnet sein. Dieses Feld wird bei Errechnung der Satzlänge mitgezählt.

— Sätze undefinierter Länge (Format U)

Wenn Sätze nicht den Definitionen unter den beiden vorgenannten Punkten entsprechen, werden sie als undefiniert bezeichnet.

Ein Block bzw. physischer Satz besteht aus einem oder mehreren logischen Sätzen. Das Zusammenfasen mehrerer logischer Sätze nennt man *Blocken.* Die Anzahl der (logischen) Sätze, die zu einem Block zusammengefaßt werden, ergibt den *Blockungs-* oder *Ladefaktor.*

Hinsichtlich Blockung und Satzart werden im allgemeinen folgende Formen unterschieden (Abb. 2-9).

— ungeblockte Sätze fester Länge

— ungeblockte Sätze variabler Länge

— ungeblockte Sätze undefinierter Länge
— geblockte Sätze fester Länge
— geblockte Sätze variabler Länge

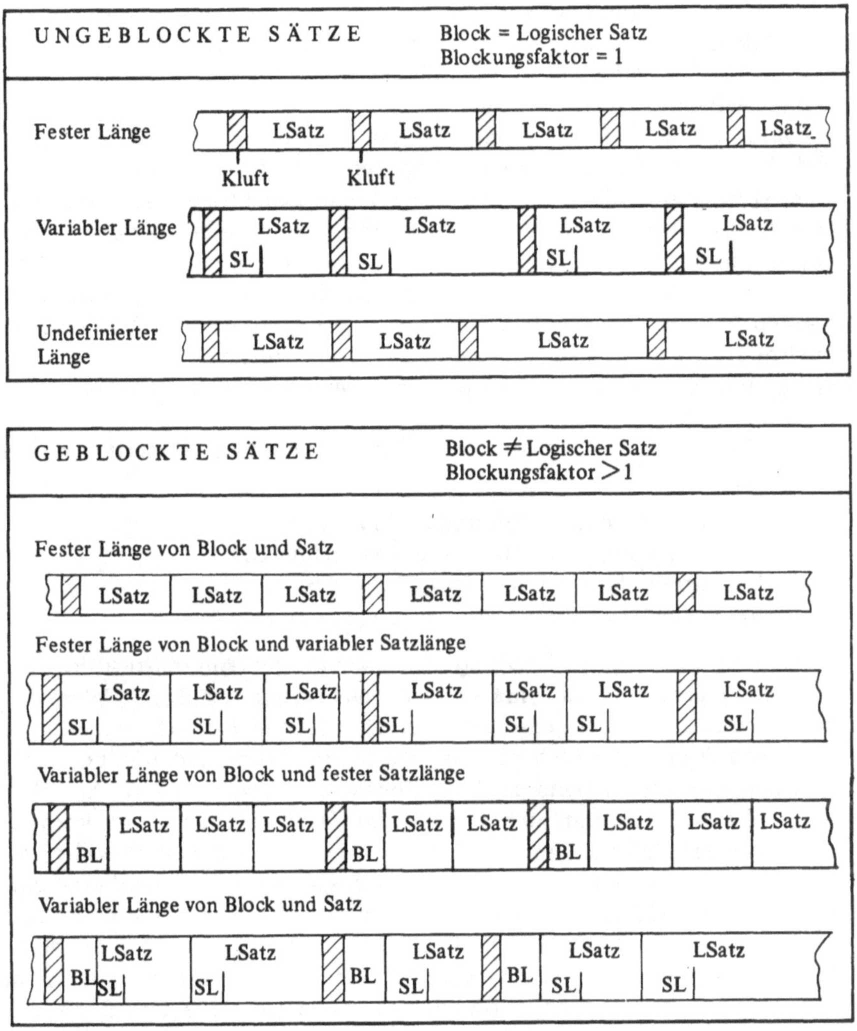

Abb. 2-9 Ungeblockte und geblockte Sätze
LSatz = Logischer Satz
BL = Blocklänge
SL = Satzlänge

2.2. Datenträger

In einem Informationssystem besitzt die Datenbasis tragende Peripherie eine zentrale Bedeutung. Die Frage, wie und wo welche Daten am effizientesten gespeichert werden, d. h. die Speicherungsform, die Wahl des Datenträgers und die Signifikanz der für das Informationssystem zur Verfügung stehenden Daten sind wichtige Aspekte für den Einsatz dieser Medien.

Faktoren wie Kapazität, Zugriffszeit, Zugriffsart, Übertragungsrate und Kosten sind für die Beurteilung jedes Speichers maßgebend und müssen bei der Wahl nach einem geeigneten Datenträger berücksichtigt werden. Daneben muß eine genaue Analyse erfolgen, welche Daten vordergründig für den Ablauf des Systems wichtig sind und welche ohne zu große zeitliche Belastungen in den Hintergrund verdrängt werden können. Nur nach genauer Abwägung dieser Größen können Speichermedien eingesetzt werden, die den speziellen Aufgaben in einem Informationssystem optimal in ihrem Preis-/Leistungsverhältnis angepaßt sind.

Eine Einteilung der Speicher kann nach verschiedenen Gesichtspunkten erfolgen:

- Unterscheidung in Aktiv- und Festspeicher
- Unterscheidung nach Intern- und Externspeicher
- Unterscheidung nach dem Zugriffsprinzip
- Unterscheidung nach technischen Aspekten

Die hier getroffene Einteilung der Datenträger soll hinsichtlich des Verwendungszwecks in einem Datenbanksystem erfolgen. Wie aus Abb. 2-10 zu ersehen ist, wird zwischen vier Ebenen unterschieden.

Zu den *Primärspeichern* zählen alle Magnetkern- und Magnetdrahtspeicher, die als Arbeitsspeicher eingesetzt werden. Diese Speicher haben die Aufgabe, mit sehr kurzer Zugriffszeit dem Leit- und Rechenwerk die zur Bearbeitung von Programmen notwendigen Befehle und Daten zur Verfügung zu stellen. Die Zykluszeiten bei Magnetkern- und Magnetdrahtspeichern betragen zwischen 50 Nanosekunden und 20 Mikrosekunden bei Speicherkapazitäten von tausend bis zu einer Million Zeichen. Während diese Speicher direkten Zugriff zu einem Wort oder einem Zeichen ermöglichen, kann von den Speichern der zweiten und dritten Ebene nur jeweils ein Block direkt adressiert werden. Man spricht hier von den sogenannten Randomspeichern.

Die *Sekundärspeicher* unterscheiden sich von den Tertiärspeichern hinsichtlich schnellerer Zugriffszeiten, geringerer Kapazität und eventuell höherer Übertragungsrate. Die Zugriffszeiten liegen hier unter 50 Millisekunden bei Kapazitäten bis zu 50 Millionen Zeichen. Magnetplatten-

und Magnettrommelspeicher finden in dieser zweiten Ebene hauptsächlich Verwendung.

Die Forderung nach schnellen Sekundärspeichern wird in der Zukunft immer mehr an Bedeutung gewinnen. Da von der technischen Seite her die Kapazität und die Zugriffszeit bei Magnetplatte und Magnettrommel kaum mehr verbessert werden können, werden in Zukunft in der zweiten Ebene elektronische Massenspeicher (Magnetdraht- und Magnet-

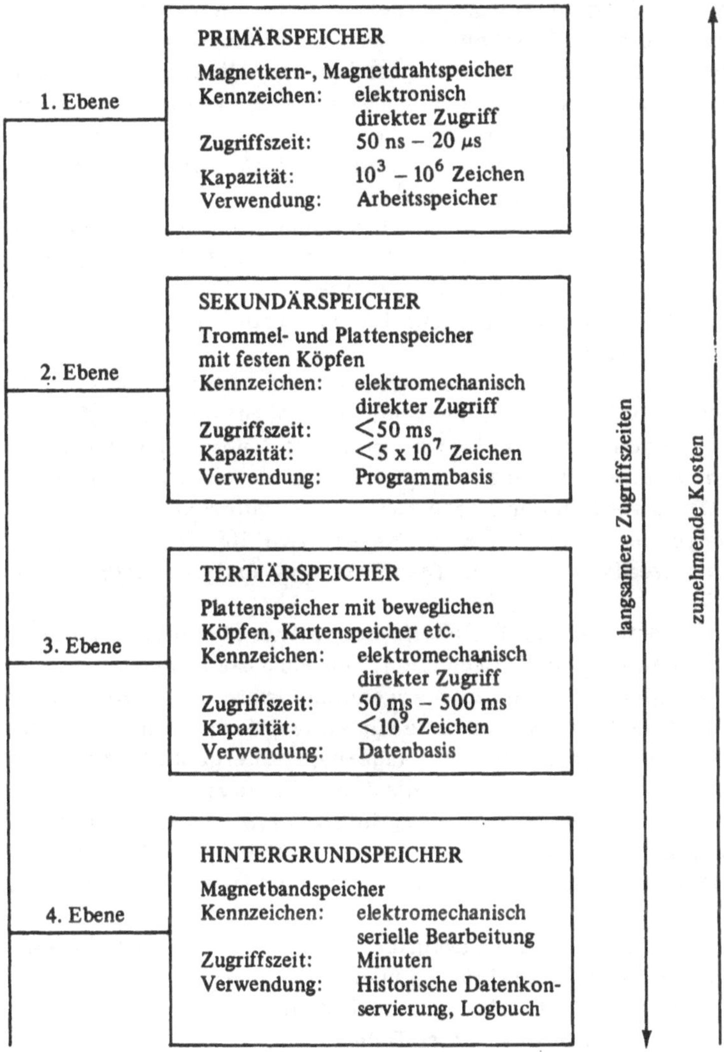

Abb. 2-10 Speicherhierarchie in Datenbanksystemen

kernspeicher) in verstärktem Maße Zugang finden. Neben der wesentlich schnelleren Zugriffszeit wäre der direkte Zugriff auf Byte- bzw. Wortebene ein weiterer wichtiger Faktor, der die Verarbeitungsgeschwindigkeit in entscheidendem Maße verkürzen würde.

Die Aufgabe dieser Großraumspeicher ist in erster Linie darin zu sehen, den Arbeitsspeicher schnell mit neuen Daten und Programmen zu versorgen und Ergebnisse sowie nicht mehr benötigte Programme aus dem Arbeitsspeicher aufzunehmen. In der zweiten Ebene sind insbesondere Programme gespeichert, die für den Betrieb der Anlage erforderlich sind, aber nur in zeitlich größeren Abständen benötigt werden, und die aus Kapazitätsgründen nicht ständig im Arbeitsspeicher untergebracht werden können. Desweiteren werden bei EDVA die Sekundärspeicher als Datenzwischenträger benutzt, um Ergebnisse kurzzeitig zu puffern, die dann über die vergleichsweise langsamen Peripheriegeräte ausgegeben werden.

Zusammenfassend kann gesagt werden, daß die Sekundärspeicher einen Daten- und Befehlspuffer hoher Kapazität darstellen, durch den ein zeitlicher Integrationseffekt erzielt wird, so daß Informationsbelastungen für die Arbeitsspeicherkapazität hinsichtlich der Ein- und Ausgabe minimiert werden.

Die dritte Ebene, der die *Tertiärspeicher* zugeordnet sind, hat die Hauptaufgabe, umfangreiche Datenmengen zu speichern, deren Verarbeitung einen direkten Zugriff erfordert. Diese Speicherebene dient innerhalb eines Informationssystems als Datenträger für die Datenbank. Die Zugriffszeiten liegen zwischen 50 Millisekunden und 500 Millisekunden bei einer Kapazität bis zu etwa 10^9 Zeichen. Diese Eigenschaften werden durch die Magnetkarten- und Magnetplattenspeicher realisiert.

Der Unterschied der Peripherie der dritten Ebene zu der der zweiten liegt an dem weniger aufwendigen Zugriffsmechanismus bei den Magnetplatten und der teilweisen Verwendung auswechselbarer Datenträger, z. B. Wechselplatte, Magnetkarte. Optische Externspeicher in Kartenform, die ähnlich Magnetkarten in Magazinen untergebracht sind, erlauben direkten Zugriff und sind ebenfalls dieser Ebene zuzuordnen.

Die vierte Ebene wird durch die *Hintergrundspeicher* repräsentiert, deren wichtigstes Kennzeichen die sequentielle Verarbeitung sortierter Datenmengen ist. Der meistverwandte Datenträger dieser Ebene ist das Magnetband.

Das Magnetband als Hintergrundspeicher hat in einem Informationssystem hauptsächlich drei Funktionen zu erfüllen:

- Konservierungsmedium für die Datenbank
- Datenträger für historische Daten
- Logbuch

2.3. Organisationsformen

2.3.1. Speicherungs- und Verarbeitungsformen

Bei der Konservierung großer Datenmengen werden stets zwei Fragen von entscheidender Bedeutung sein:

— Wie werden die Daten auf dem Datenträger abgelegt?

— Wie ist der Zugriff auf die einmal abgelegten Daten organisiert?

Die Art der Ablage von Daten auf peripheren Speichern — *Speicherungsform* — und die Möglichkeiten des Zugriffs auf diese Daten — *Verarbeitungsform* — stehen in engem Zusammenhang, wie im Verlauf dieses Abschnitts aufgezeigt werden soll.

Im allgemeinen wird davon auszugehen sein, daß die Wahl der Speicherungs- und Verarbeitungsform nicht unbedingt frei bestimmbar ist, ergibt sie sich zunächst doch schon aus der Art des tatsächlich zur Verfügung stehenden peripheren Speichermediums. So lassen etwa Lochkarten, Lochstreifen oder Magnetband überhaupt nur eine Speicherungs- und Verarbeitungsform zu, nämlich die starr sequentielle. Die sogenannten Random-Speicher (Magnetplatte, Magnettrommel usw.) erlauben jedoch differenziertere Zugriffsorganisationen, die sich aus jeweils unterschiedlich konstruierten Beziehungen zwischen Ordnungskriterium (Sortierargument) und Satzadresse ergeben.

Nach der Art der Einspeicherung auf dem Datenträger lassen sich zwei unterschiedliche Speicherungsformen darstellen, die *fortlaufende* (sequentielle), bei der die Datensätze hintereinander abgelegt werden und die *gestreute* (random), bei der Datensätze jeweils auf einem durch ein Sortierargument ermittelten Platz abgelegt werden. Die verschiedenen Verarbeitungsformen, die sich aus diesen beiden grundsätzlichen Speicherungsmethoden konstruieren lassen, sollen im folgenden dargestellt werden.

2.3.1.1. Starr fortlaufende Speicherungs- und Verarbeitungsform

Diese Art der Ablage (auch sequentiell oder consecutive genannt) ist typisch für das Magnetband; sie läßt sich jedoch grundsätzlich auch auf Randomspeichern erreichen. Die Datensätze stehen in der Reihenfolge der Eingabe dicht hintereinander. Sie werden nur durch die technisch bedingten Lücken (Klüfte oder Gaps) getrennt. Es besteht keinerlei Zusammenhang zwischen dem Ort, an dem sich der Satz befindet, und dem Ordnungskriterium, das die Reihenfolge des Satzes in der Datei bestimmt. Eine Sortierung der Datensätze (auf- oder absteigend) auf dem peripheren Speichermedium ist nur dann gegeben, wenn der Datenbestand von vornherein sortiert erstellt oder vor der Einspeicherung eine Sortierung vorgenommen wird (Abb. 2-11).

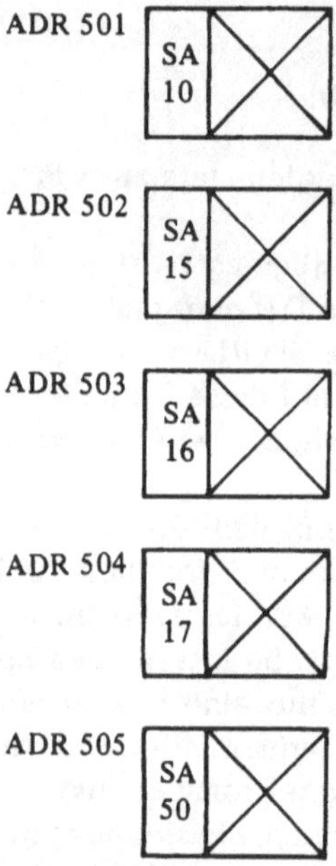

Abb. 2-11 Starr sequentielle Speicherungsform
SA = Sortierargument

Derart gespeicherte Daten lassen sich auch nur starr sequentiell verarbeiten, d. h. die Verarbeitung beginnt beim ersten Satz der angesprochenen Datei und muß sukzessive durchgeführt werden, bis der gesuchte Datensatz gefunden ist. Müssen neue Sätze eingefügt oder sollen nicht mehr aktuelle gelöscht, der Datenbestand also gepflegt werden, so muß der gesamte Bestand auf einem anderen Datenträger neu erstellt werden.

Trotz der hier aufgezeigten Nachteile wird diese Speicherungs- und Verarbeitungsform ihren Platz in der EDV behalten, wenn es darum geht, große Datenbestände zu führen, oder wenn Art und Inhalt der geführten Daten einer schnellen Verarbeitung (etwa bei der Archivierung von Datenbeständen) nicht bedürfen. Schon allein die Kostenrelation sollte hier in zunehmendem Maße eine fortlaufend kritische Bewertung der wirklichen Anforderungen zur Folge haben.

2.3.1.2. Logisch fortlaufende Speicherungs- und Verarbeitungsform

Bei dieser Art der Ablage (auch als control sequential bezeichnet) stehen die Datensätze eines Bestandes nicht mehr zwangsläufig entsprechend ihrer Sortierfolge hintereinander. Die Sätze werden vielmehr entsprechend der Reihenfolge ihrer Eingabe hintereinander abgelegt, die Sortierfolge jedoch wird über Adreßverweise in Adreßfeldern gewährleistet.

Dies geschieht folgendermaßen:

Jedem Datensatz wird ein Adreßfeld angehängt oder vorangestellt, das die Adresse des ihm gemäß der gewählten Sortierung logisch folgenden Satzes enthält (Abb. 2-12).

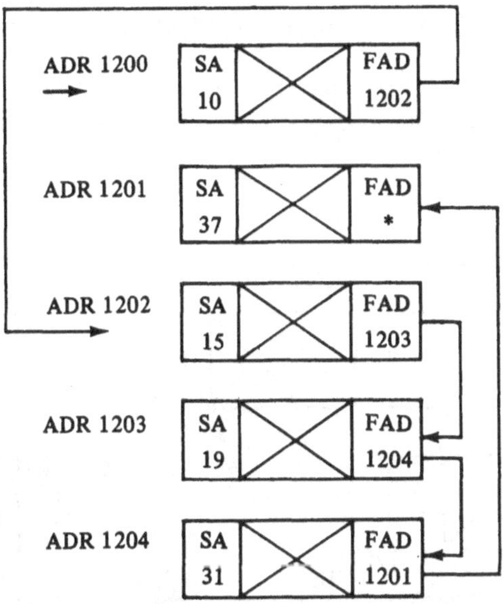

Abb. 2-12 Logisch fortlaufende Speicherungs- und Verarbeitungsform
ADR = Adresse
SA = Sortierargument
FAD = Adresse des logisch folgenden Satzes
* = Endekennzeichen

Auf diese Weise müssen nach der Einspeicherung eines neuen Satzes nur die Adreßfelder verändert werden. Sätze, die nicht mehr aktuell sind, können ohne weiteres logisch gelöscht werden, indem in das Adreßfeld des logisch voranstehenden Satzes die Adresse des Satzes eingetragen wird, der dem Löschsatz logisch folgt (Abb. 2-13).

Natürlich muß auf dem Speichermedium für neu einzuspeichernde Sätze tatsächlich auch Platz freigehalten werden. Dies geschieht üblicherweise in besonderen Bereichen, den sogenannten *Überlaufbereichen*. Eine derartige Datenorganisation läßt sich nur auf Speichermedien durchführen, die direkten Zugriff gestatten, also sogenannten Randomspeichern, bei denen sich der Zugriffsmechanismus sofort auf bestimmte Adressen einstellen läßt.

Tatsächlich ist es so, daß sich aufgrund der Bedingungen für die Hardwareadressierung auf dem externen Speicher häufig nicht einzelne logische Sätze direkt ansprechen lassen, sondern nur größere physikalische Einheiten, die sogenannten *Blöcke* oder *physischen Sätze*.

Die Adressen der kleineren logischen Sätze setzen sich dann aus den Blockadressen und den einzelnen relativen Satzadressen innerhalb dieser Blöcke zusammen. Auf dem externen Speicher kann dann jedoch nur der gesamte Block angesprochen werden. Die einzelnen darin enthaltenen logischen Sätze werden erst im Kernspeicher adressierbar.

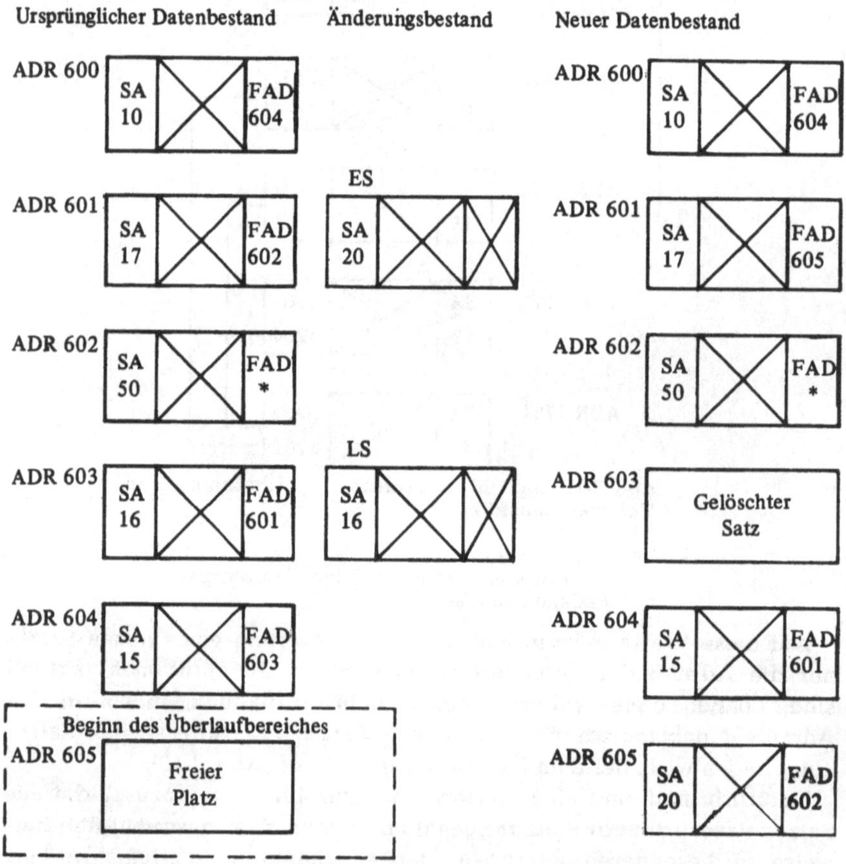

Abb. 2-13 Einfügen und Löschen in einem logisch fortlaufend gespeicherten Datenbestand

ADR = Adresse
SA = Sortierargument
FAD = Adresse des logisch folgenden Satzes
ES = Einzufügender Satz
LS = Löschsatz
* = Endekennzeichen

2.3.1.3. Die indexsequentielle Speicherungs- und Verarbeitungsform

Teilt man logisch fortlaufend organisierte Datenbestände in mehrere Bereiche (Seiten) auf und speichert sich die Adressen der Datensätze, die gemäß eines Sortierbegriffs am Anfang dieser Bereiche stehen, so ist es nicht mehr erforderlich, jeweils den gesamten Bestand sukzessive zu durchsuchen. Man kann vielmehr eine Tabelle anlegen, in die der jeweils niedrigste Ordnungsbegriff eines solchen Bereichs zusammen mit der Adresse des zugehörigen Datensatzes abgespeichert wird. Die

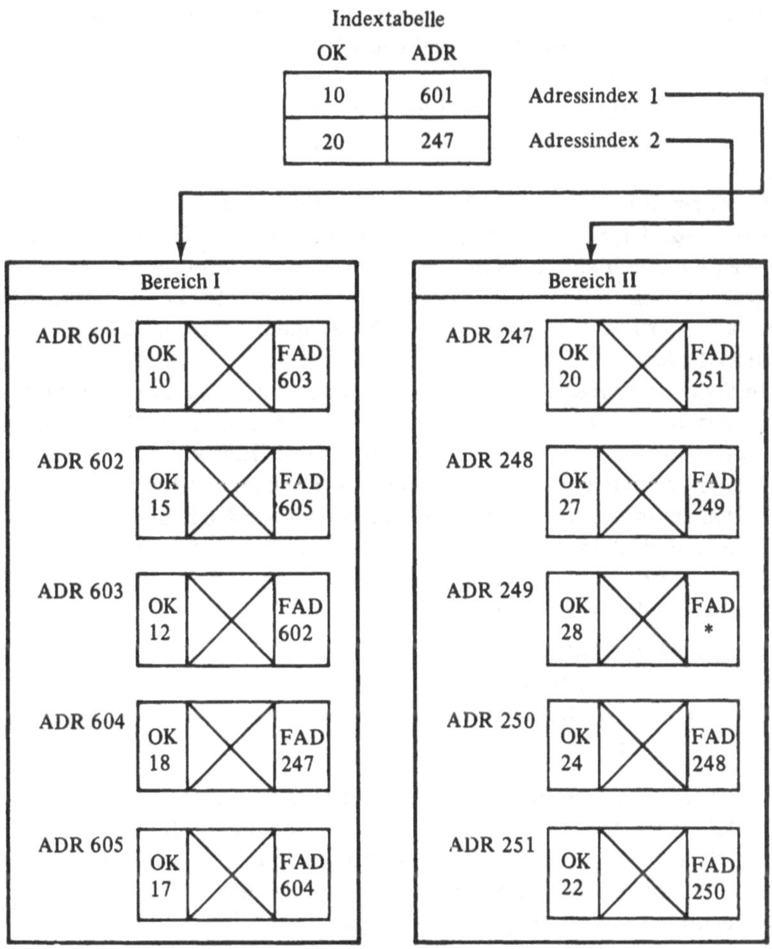

Abb. 2-14 Die index-sequentielle Speicherungs- und Verarbeitungsform
ADR = Adresse OK = Ordnungskriterium
FAD = Adresse des logisch folgenden Satzes * = Endekennzeichen

Einheit Ordnungskriterium — Satzadresse bezeichnet man als Adreßindex (Zeiger, Pointer), eine Tabelle, in der derartige Adreßindizes abgelegt werden, als Indextabelle (Abb. 2-14).

Auf derartig aufgebaute Datenbestände kann nicht nur logisch fortlaufend, sondern auch direkt zugegriffen werden (index sequential access). Das Ordnungskriterium wird auch als Schlüssel (key) bezeichnet.

Führen die Datenbestände einer Datei neben den Hauptordnungskriterien zusätzlich sogenannte Nebenordnungskriterien, ist es zweckmäßig, auch für diese Nebenordnungskriterien Indextabellen anzulegen. In Abb. 2-15 wird für jeden Satz ein Haupt- und ein Nebenordnungskriterium geführt. Die jeweils niedrigsten Ordnungskriterien eines Bereiches erscheinen in der Primärindextabelle bzw. in der Sekundärindextabelle.

Dies ermöglicht einen Zugriff zu den Datenelementen einer Datei über mehrere Ordnungskriterien. Diese Art der Indizierung wird *Vielfachindizierung* (multiple access) genannt.

Eine erweiterte Form des Vielfachzugriffs bildet die sogenannte *Querindizierung*. Hier ist es möglich, über ein oder mehrere Adreßindizes hinweg auf Datenelemente mehrerer Dateien zuzugreifen.

Kann man mit Hilfe eines Ordnungskriteriums direkt auf Sätze mehrerer Dateien zugreifen, handelt es sich um *mehrdimensionale Indizierung (Adreßstruktur)*.

Sind die Datenbestände, die indexsequentiell organisiert werden sollen, sehr groß, so können auch die Indextabellen in mehrere Bereiche (Seiten) aufgeteilt werden, die wiederum durch Indizes in übergeordneten Tabellen zusammengefaßt werden. Auf diese Weise erhält man eine *mehrstufige Indizierung*. Üblicherweise wird bei mehrstufiger Indizierung mit drei Indexstufen gearbeitet. Diese Indexorganisation ist für Plattenspeicher besonders geeignet.

Die drei Indexstufen bezeichnet man als

— Hauptindex (Masterindex)
— Zylinderindex (Index 2. Stufe)
— Spurindex (Index 1. Stufe)

(siehe Abb. 2-16).

Im Index 1. Stufe werden das Ordnungskriterium und die Adresse des Datensatzes zusammen gespeichert. Der Index 2. Stufe erhält für jeden Bereich der 1. Indexstufe das höchste in ihm geführte Ordnungskriterium. Im Masterindex sind für jeden Bereich der 2. Indexstufe die jeweils höchsten Ordnungskriterien zusammengefaßt.

Wenn man mit Seiten konstanter Länge arbeitet, ist es nicht nötig, die Bereichsadressen in den Indexlisten mitzuführen. Man kann dann einen Seitenkennsatz voranspeichern, in dem die jeweilige Seitennum-

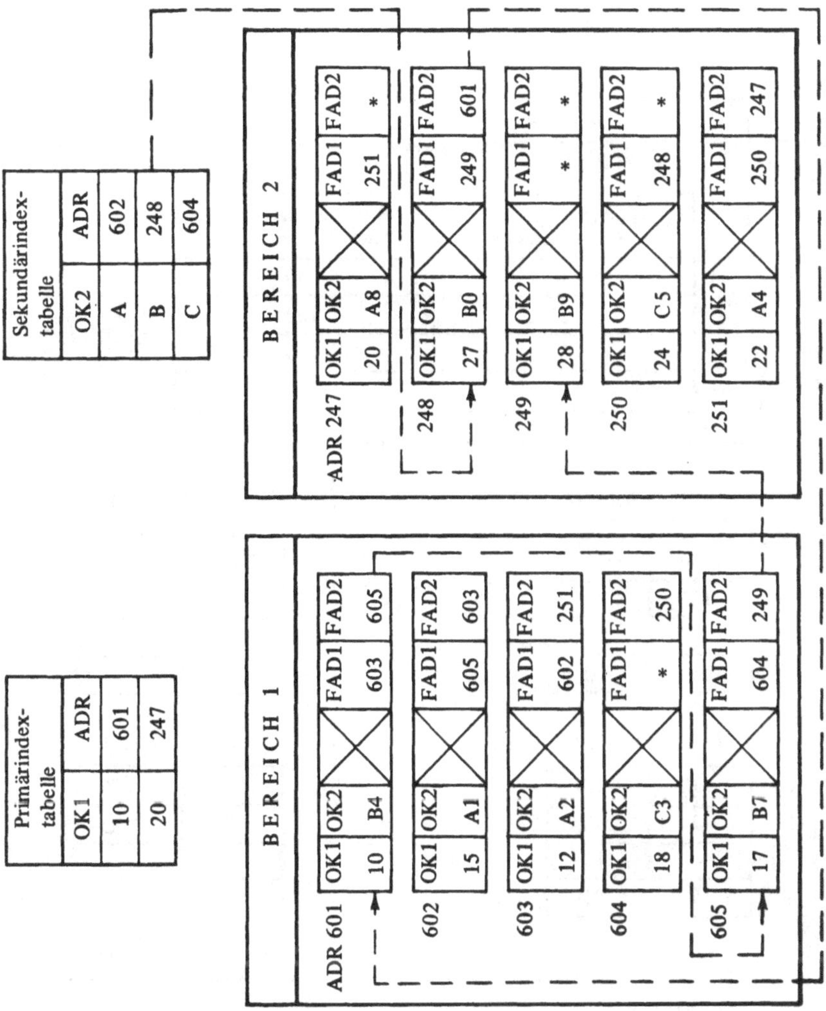

Abb. 2-15 Zugriff über mehrere Indextafeln
ADR = Adresse
OK1 = 1. Ordnungskriterium
OK2 = 2. Ordnungskriterium
FAD1 = Adresse des gemäß OK1 logisch folgenden Satzes
FAD2 = Adresse des gemäß OK2 logisch folgenden Satzes
Die gestrichelten Linien markieren die Verweise bezüglich des OK2 „B"

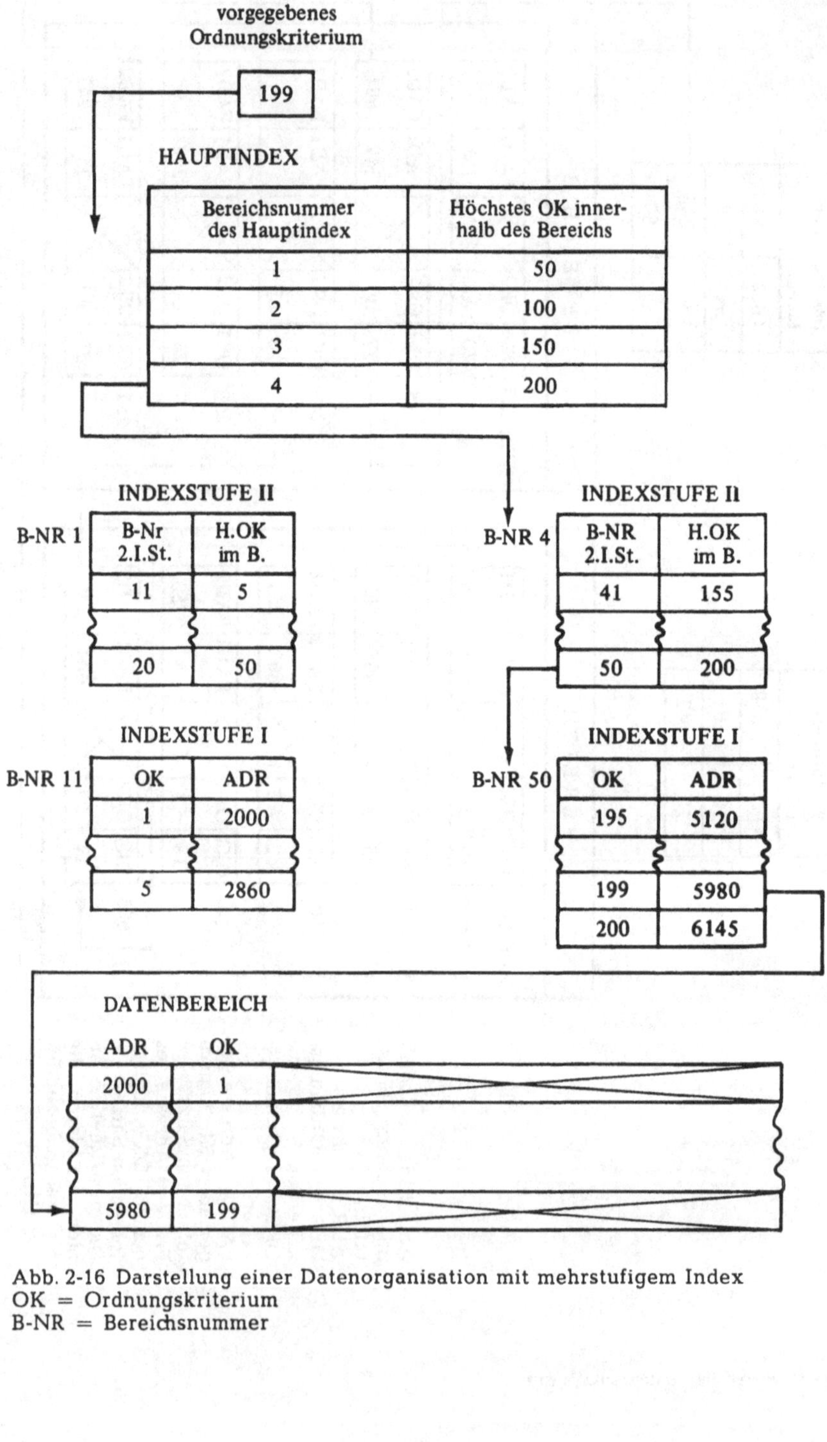

Abb. 2-16 Darstellung einer Datenorganisation mit mehrstufigem Index
OK = Ordnungskriterium
B-NR = Bereichsnummer

mer und die Basisseitennummer eingespeichert werden. Die Basisseitennummer ist die Seitennummer, auf deren Seite sich das erste Ordnungskriterium in der Indexseite bezieht.

Um den Zugriff möglichst schnell zu halten, wird der Hauptindex häufig kernspeicherresident geführt. Mit seiner Hilfe wird dann der Index II (2. Stufe) in den Kernspeicher eingelesen. Dieser verweist auf den Index I (1. Stufe), von dort hat man dann Zugang zu dem benötigten Datenbereich, der sukzessive durchsucht werden muß.

In Abb. 2-17 wird ein Suchvorgang für einen Satz mit einem bestimmten Ordnungskriterium in einer dreistufigen Indexorganisation mit Seiten konstanter Länge und logisch sequentieller Speicherung der Datensätze aufgezeigt.

Der Suchvorgang verläuft im einzelnen folgendermaßen:

Zunächst wird der Hauptindex nach dem vorgegebenen Ordnungskriterium durchsucht. Ein Ordnungskriterium gilt dann als gefunden, wenn das untersuchte Ordnungskriterium in der Indexseite oder im Datensatz größer oder gleich dem vorgegebenen Ordnungskriterium ist.

Die Ordnungskriterien in den Indexseiten sind grundsätzlich aufsteigend sortiert. Die Datensätze sind in der Datenseite logisch sequentiell angeordnet (Adreßverkettung).

Die jeweilige Seitennummer wird ermittelt, indem zur angegebenen Basisseitennummer die relative Position des Ordnungskriteriums in der Indexseite addiert wird.

2.3.1.4. Die gestreute Speicherungs- und Verarbeitungsform

Sollen Datenbestände sowohl logisch fortlaufend als auch gestreut verarbeitet werden, bleibt normalerweise nur die im vorausgegangenen Abschnitt dargestellte Zugriffsorganisation über Tabellen. Bei großen Datenbeständen sind diese Zugriffsmethoden jedoch auch bei schneller Bearbeitung des Suchprozesses im Kernspeicher relativ zeitaufwendig.

Sollen die Datenbestände jedoch auch rein gestreut verarbeitet werden und ist sichergestellt, daß Duplikate (Sätze mit gleichem Ordnungsbegriff) nicht auftreten, bieten sich noch andere Zuordnungsverfahren an. Beim gestreuten Speichern und Verarbeiten (random access) werden zwei Adressierungsverfahren unterschieden:

— die direkte Adressierung
— die indirekte Adressierung.

Die direkte Adressierung (direct adressing)

Sind die Ordnungsbegriffe rein numerisch, ihr Nummernkreis dicht, d. h. zwischen den auftretenden Ordnungsbegriffen bestehen keine

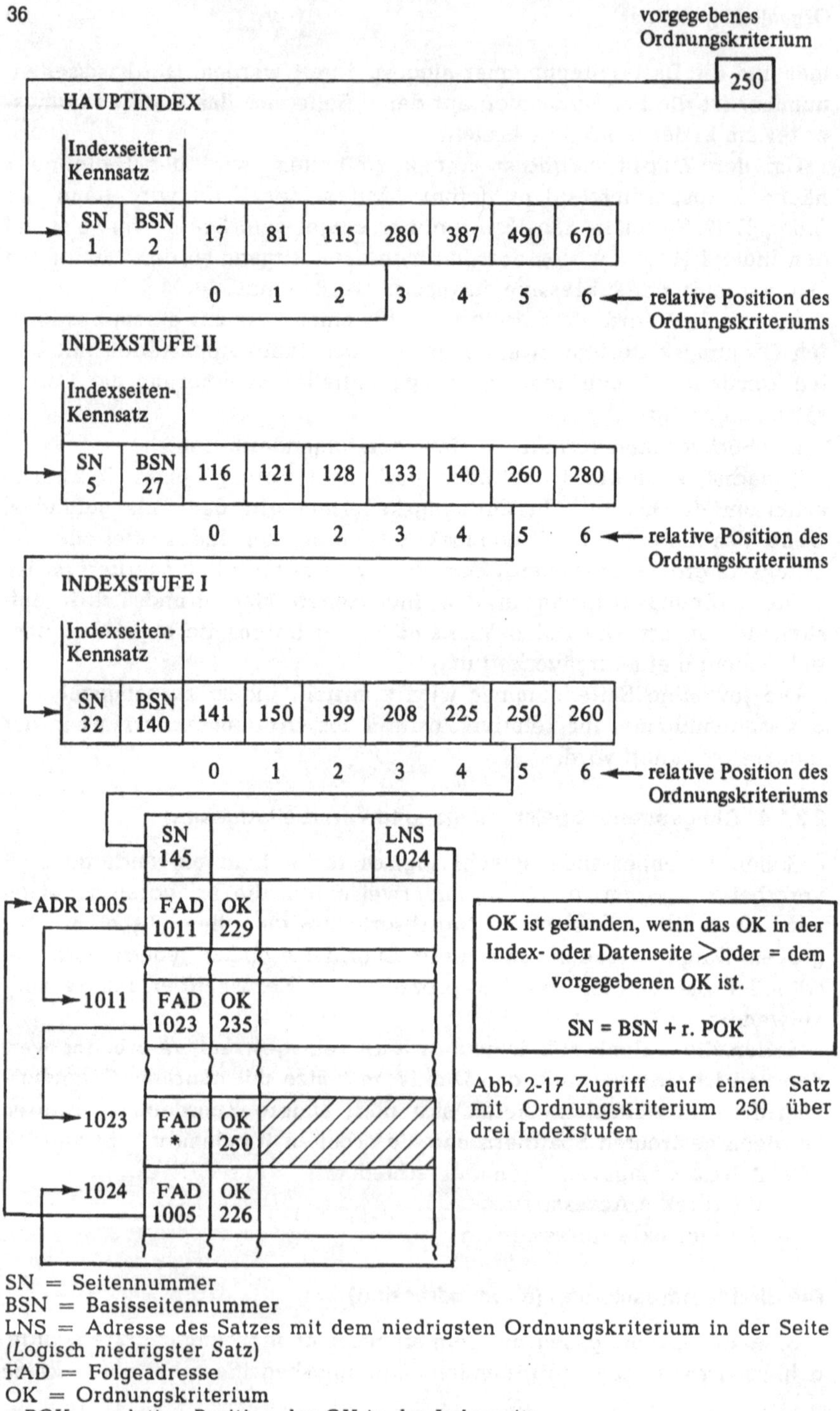

Abb. 2-17 Zugriff auf einen Satz mit Ordnungskriterium 250 über drei Indexstufen

SN = Seitennummer
BSN = Basisseitennummer
LNS = Adresse des Satzes mit dem niedrigsten Ordnungskriterium in der Seite (*L*ogisch *n*iedrigster *S*atz)
FAD = Folgeadresse
OK = Ordnungskriterium
r. POK = relative Position des OK in der Indexseite

großen Lücken und sind etwa ebenso viele Sätze wie Speicherplätze vorhanden, so ist es möglich, den Ordnungsbegriff direkt als Satzadresse zu verwenden (Ordnungsbegriff = Satzadresse). Die Sätze dürfen jedoch nicht länger und möglichst auch nicht wesentlich kürzer sein als die adressierbaren Speicherplätze (Speicherverschnitt ist kostspielig). Weiterhin müssen die Ordnungsbegrnffe kleiner sein als die Satzadressen, und ihr Nummernkreis darf nicht größer sein als die zur Verfügung stehende Anzahl von Speicherplätzen (Blöcken).

Auf Datenbestände, die in dieser Weise organisiert sind, kann man sowohl fortlaufend als auch wahlweise zugreifen. Für die wahlweise Verarbeitung ergeben sich sehr günstige Suchzeiten, da jeder Satz mit einer Operation gefunden werden kann (durchschnittlicher Zugriff bei wahlweiser Verarbeitung = 1). Derartig günstige Verhältnisse für eine unmittelbare Verknüpfung von Ordnungskriterium und Satzadresse dürften jedoch in der Praxis äußerst selten auftreten. Doch besteht unter den entsprechenden Voraussetzungen die Möglichkeit, eine Zuordnung zwischen Ordnungsbegriff und Satzadresse auf relativ einfache Weise mittelbar erstellen zu können (Ordnungsbegriff ≠ Satzadresse):

— durch Verschiebung:
  Hierbei wird auf den Ordnungsbegriff jeweils eine Konstante aufaddiert; liegen z. B. die Ordnungsbegriffe zwischen 500 und 999, die Speicheradressen jedoch in einem Bereich zwischen 60700 und 61199, so wird auf den Ordnungsbegriff jeweils die Konstante 60200 addiert.

— durch Verdichtung:
  Hierbei wird der Ordnungsbegriff jeweils durch eine Konstante dividiert. Die zu adressierenden Speicherplätze liegen in einem Bereich zwischen 0 und 199 (200 Blöcke), und die einzuspeichernden Sätze besitzen eine Länge von 16 Worten und enthalten Ordnungsbegriffe von 0 bis 1599. Demnach würde man den Ordnungsbegriff jeweils durch 8 dividieren, um die Blockadresse zu ermitteln. Der ganzzahlige Quotient ergibt die Blockadresse, ein eventueller Rest den Platz des Satzes innerhalb des Blockes. Der Satz mit dem Ordnungsbegriff 1411 würde also als vierter innerhalb des Blockes mit der Adresse 176 stehen. Der erste Satz in diesem Block hätte den Ordnungsbegriff 1408, der letzte den Ordnungsbegriff 1415 (1 Block = 128 Worte).

Zwischen Ordnungsbegriff und Speicheradresse muß bei der direkten Adressierung stets ein eindeutiger unverwechselbarer Zusammenhang bestehen.

Die indirekte Adressierung (indirect adressing)

Hier muß erst ein Verfahren gefunden werden, das einen Zusammenhand zwischen Ordnungskriterium und Satzadresse schafft. Dieser Zuordnungsvorgang kann automatisch durch einen geeigneten Algorithmus (random generator) geleistet werden. Da derartige Algorithmen normalerweise einen vielstelligen Ordnungsbegriff zu einer Satznummer geringerer Stellenzahl verdichten, muß beachtet werden, daß aus verschiedenen Ordnungsbegriffen gleiche Satzadressen errechnet werden können. Es können sogenannte *Synonyme* entstehen, d. h. Sätze mit an sich verschiedenen Ordnungsbegriffen, die aufgrund des Zuordnungsverfahrens den gleichen Speicherplatz erhalten. Der Algorithmus zur Errechnung der Satzadresse muß also erstens so gewählt werden, daß möglichst selten Synonyme auftreten können. Zur Vermeidung dennoch auftretender Mehrfachbelegungen muß zweitens ein Verfahren zur Speicherung der Synonyme konzipiert werden.

Da bei der indirekten Adressierung kein direkter, unverwechselbarer Zusammenhang zwischen Ordnungskriterium und Satzadresse gegeben ist, ist die Sortierfolge der Sätze zerstört. Man kann also nicht mehr fortlaufend verarbeiten. Bei wahlweiser Verarbeitung ist der durchschnittliche Zugriff $>$ 1, dafür wird jedoch der Speicher dicht belegt.

Wie können die Satzadressen bei der indirekten Adressierung errechnet werden?

Für die Erzeugung der Satznummern bei der indirekten Adressierung gibt es eine ganze Reihe unterschiedlicher Methoden. Hier sollen nur die bekanntesten Verfahren genannt werden:

- Divisions-Rest-Verfahren
- Faltung
- Basistransformation
- Ziffernanalyse
- Stellenauswahlverfahren
- Multiplikationsverfahren
- Gruppierungsverfahren

Das wesentliche Unterscheidungsmerkmal liegt zunächst darin, ob nur numerische oder auch alphanumerische Ordnungsbegriffe umgewandelt werden sollen.

Zur Bewertung der tatsächlich angewandten Methode dienen die folgenden Kriterien:

- Sind die Satzadressen gleichmäßig über den Speicher verteilt?
- Liegen die Satzadressen immer im zulässigen Speicherbereich?

Im folgenden soll kurz eines der gebräuchlichsten Zuordnungsverfahren dargestellt werden. Eine genaue Beschreibung aller Möglichkeiten kann hier nicht gegeben werden. Sie würde der angestrebten Übersicht auch nur entgegenwirken.

Das Stellenauswahlverfahren (extracting)

Zunächst müssen die Ordnungsbegriffe sorgfältig analysiert werden. Dabei gilt es, die Stellen innerhalb der Ordnungsbegriffe aufzufinden, die möglichst gut streuen, d. h. die im Idealfall alle Ziffern von 0—9 gleich oft enthalten.

Ein Beispiel soll dies veranschaulischen:

Zehnstellige Ordnungsbegriffe sind vorgegeben. Die Anzahl der Datensätze beträgt 18720, der vorgesehene Speicherplatz 20000 Sätze. Um diese Sätze zu adressieren, werden fünfstellige Satznummern benötigt, die mittels des Stellenauswahlverfahrens zu errechnen sind.

In Abb. 2-18 werden die fünf am besten streuenden Stellen herausgezogen.

ORDNUNGSBEGRIFF	STELLENAUSWAHL	SATZNUMMER
5250199257	51927	10385
7260218844	72184	14436
9191859369	98539	19707
1280938751	19371	03874
3259589556	35856	07171

Abb. 2-18 Stellenauswahlverfahren

Da in unserem Beispiel nur 18720 Sätze vorhanden sind, werden die soeben ausgewählten fünfstelligen Nummern mit Faktor 0,2 multipliziert, um somit die Satznummern 0—19999 zu erhalten.

2.3.2. Adreßverkettung

Ziel eines jeden Datenbanksystems sollte es sein, auf Anfragen schnell Auswertungen geben zu können, d. h. eine hohe Auskunftsbereitschaft der Datenbank zu erreichen. Neben den im letzten Abschnitt aufgeführten Speicherungsformen müssen entsprechende Datenbanktechniken eingesetzt werden, um dies zu erzielen.

Bestehen zwischen einzelnen Datensätzen, -segmenten oder -elementen logische Verbindungen, können diese Beziehungen für die Speicherung und Verarbeitung ausgewertet werden. Man speichert z. B. in einen Datensatz die Adresse eines anderen, der diesem nach einem bestimmten Ordnungskriterium gemäß eines bestimmten logischen Zusammenhangs folgt. Dieses Verfahren, das sinnvoll nur bei Randomspeichern eingesetzt werden kann, wird als Adreßverkettung bezeichnet. Eine Folge der so miteinander verbundenen Datensätze heißt Kette. Der Datensatz, der den ersten Adreßverweis innerhalb einer Kette enthält, wird Anker genannt, alle weiteren Sätze haben die Bezeichnung Glieder.

Als Ankersatz einer Kette wird ein Datensatz gewählt, der selten verändert wird, d. h. nur dann, wenn es die Logik der Bereichsorganisation erfordert. Er soll für die Verarbeitung wesentliche Informationen enthalten, also etwa Namen, Teilenummern, Artikel usw., da er als Einsprungspunkt in die Kette dient.

Häufig enthalten Ankersätze Daten, die allen Gliedern der zugehörigen Kette gemeinsam sind.

Obligatorisch ist, daß jede Kette einen Anker besitzen muß, die Anzahl der Glieder jedoch ist beliebig. Die Adresse im Ankersatz verweist auf den ersten Gliedersatz, die Adresse im ersten Gliedersatz verweist auf den nächsten usw.

Dem Datensatz wird hierbei ein Kettfeld angefügt oder vorangestellt, das die Adresse des ihm logisch folgenden Satzes oder ein vereinbartes Endezeichen enthält. Dieses Zeichen, das den Abbruch der Kette markiert, muß so gewählt werden, daß es nicht als mögliche Kettenadresse interpretiert werden kann.

Ketten, die nach diesem Prinzip aufgebaut sind, nennt man offene Ketten (Abb. 2-19).

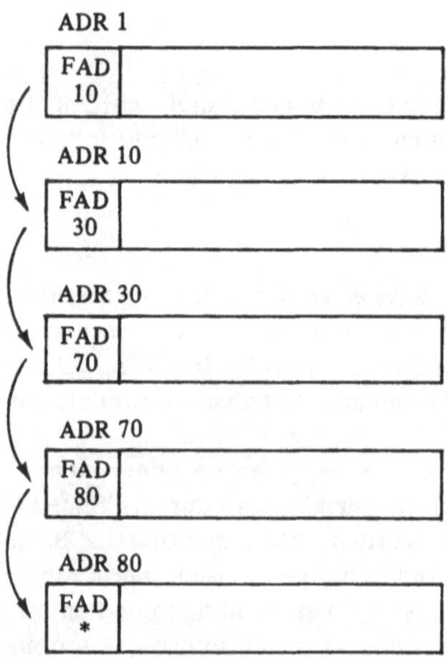

Abb. 2-19 Offene Kette
ADR = Adresse des Satzes
FAD = Adresse des logisch folgenden Satzes
* = Endekennzeichen

Im Gegensatz hierzu stehen die *geschlossenen Ketten*, bei denen kein Endekennzeichen eingetragen, sondern im letzten Glied auf den Anker der Kette verwiesen wird (Abb. 2-20).

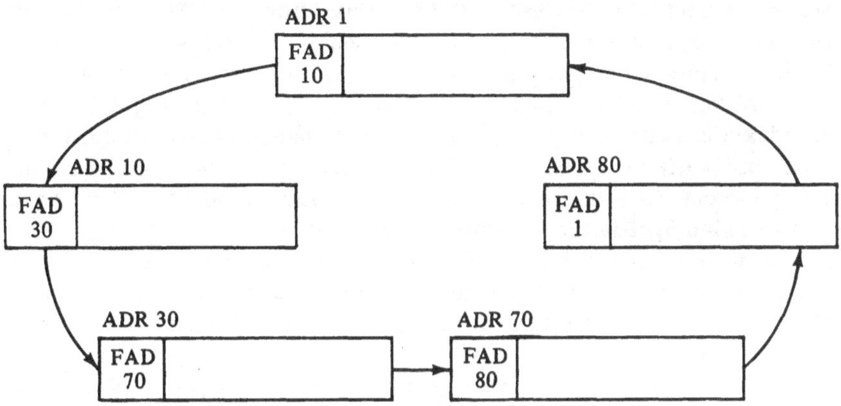

Abb. 2-20 Geschlossene Kette
ADR = Adresse des Satzes
FAD = Adresse des logisch folgenden Satzes

Ketten unterliegen bestimmten Regeln, die sich schon aus dem logischen Zusammenhang ergeben:

- Ein Datensatz kann Ankersatz beliebig vieler Ketten sein
- Ein Datensatz kann Gliedersatz beliebig vieler Ketten sein
- Ein Datensatz kann Ankersatz einer Kette und zugleich Gliedersatz beliebig vieler Ketten sein
  (Doch darf kein Datensatz Gliedersatz von sich selbst werden)

Dadurch, daß ein Datensatz beliebig oft in mehreren Ketten auftreten kann und somit nur einmal gespeichert werden muß, können redundante Daten eliminiert werden. Dies bringt einige Vorteile: Es wird kein zusätzlicher Speicherplatz für duplikate Sätze benötigt, d. h. die erforderliche Gesamtkapazität der Speicher wird reduziert; zum anderen muß bei auftretenden Änderungen nur ein Datensatz modifiziert werden.

Verknüpft man alle Sätze einer Datei fortlaufend auf- oder absteigend nach einem spezifischen Ordnungskriterium, so erhält man eine *Totalkette* oder *Vollkette.*

Sind alle Sätze einer Datei in der Reihenfolge eines Nebenordnungskriteriums verkettet, spricht man auch von sekundären Total- oder Vollketten. Hierbei ist ein logisch fortlaufender Zugriff neben der eigentlichen Speicherungsform möglich. Verkettet man nur Datensätze, die hinsichtlich eines bestimmten Ordnungskriteriums den gleichen Wert beinhalten, spricht man von *Teilketten*.

Dabei muß auf den Unterschied zwischen Ordnungskriterium und Sortierargument hingewiesen werden. Das Ordnungskriterium identifiziert einen Satz unter allen Sätzen gleichen Typs, während das Sortierargument einen Gliedsatz innerhalb einer (Teil-)Kette kennzeichnet.

Die Anker solcher Teilketten werden häufig besonders geführt oder in Indextafeln ausgelagert. Auf diese Weise kann das Problem der Indextafeln mit variabel vielen Adressen je Zeiger gelöst werden, und Sätze mit gleichem Ordnungskriterium können auch innerhalb der indexsequentiellen Speicherungsmethode erfaßt werden.

Eine weitere Möglichkeit bietet sich auch, die Anker eines Datenbestandes in anderen Dateien auszulagern. So kann man ohne aufwendiges und kompliziertes Suchen in Indextafeln auf Bestände einer anderen Datei zugreifen.

Die Adreßverkettung bildet im Prinzip die adäquate Technik zur Realisierung der Querindizierung.

Selbstverständlich müssen die Ketten während des Arbeitens mit der Datenbank ständig mitgepflegt werden. Der hierbei anfallende Aufwand läßt sich vermindern, wenn man die Ketten nicht nur in einer Richtung anlegt, also in jedem Satz nur die Adresse des logisch folgenden Satzes mitführt, sondern jeweils auch noch die Adresse des logisch voranstehenden Satzes mitspeichert. Diese Art der zusätzlichen Ver-

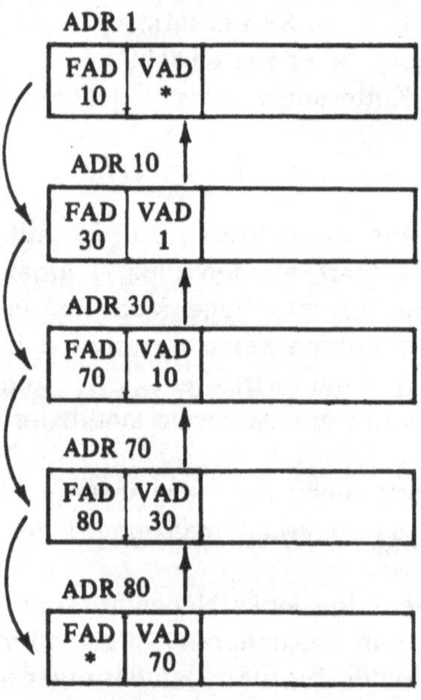

Abb. 2-21 Rückwärtskette
ADR = Satzadresse
FAD = Adresse des logisch folgenden Satzes
VAD = Adresse des logisch vorhergehenden Satzes
* = Endekennzeichen

kettung trägt auch zur Sicherung der Kette bei. Auf diese Weise erhält man sogenannte Rückwärtsketten (siehe Abb. 2-21), die in zwei Richtungen verarbeitet werden können.

Wie bereits erwähnt, kann jede Kette nur jeweils einen Ankersatz haben. Dieser jedoch kann Ankersatz mehrerer Ketten sein, wie es in Abb. 2-22 skizziert ist. Ebenso kann jeder Gliedsatz einer Kette Ankersatz weiterer Ketten sein (siehe Abb. 2-23). Hierdurch ergeben sich recht vielfältige Strukturen:

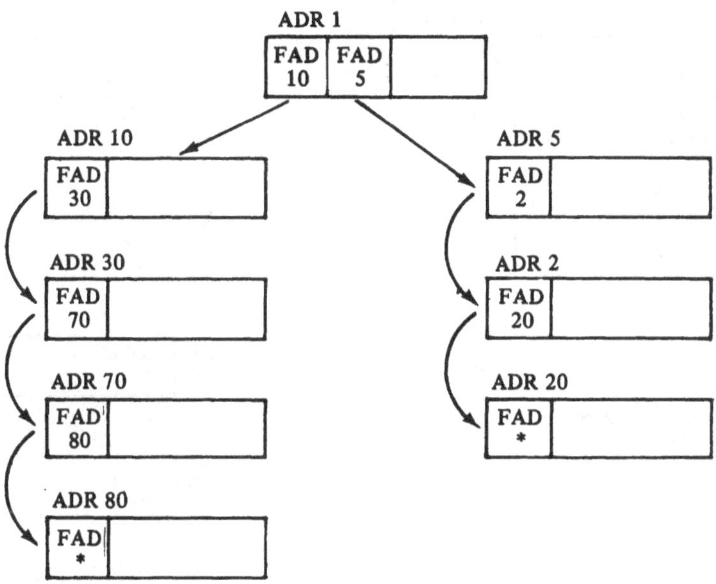

Abb. 2-22 Anker zweier Ketten
ADR = Satzadresse
FAD = Adresse des logisch folgenden Satzes
* = Endekennzeichen

Damit derartige Verkettungsprinzipien und Konstruktionen logisch durchsichtig bleiben, verwendet man (z. B. im IDS und DBS) vereinfachte besondere Darstellungsverfahren, sogenannte Kettenstenogramme (Abb. 2-24).

Die Glieder einer Adreßkette müssen nicht unbedingt jeweils im Satz mitgeführt werden. Man kann sie auch gesondert außerhalb der Datei führen. Man erhält eine neues Datenelement, die Kettenspur (Abb. 2-25). Die Kettenspur für ein Ordnungskriterium in einer Datei kann auch als Indextafel verstanden werden.

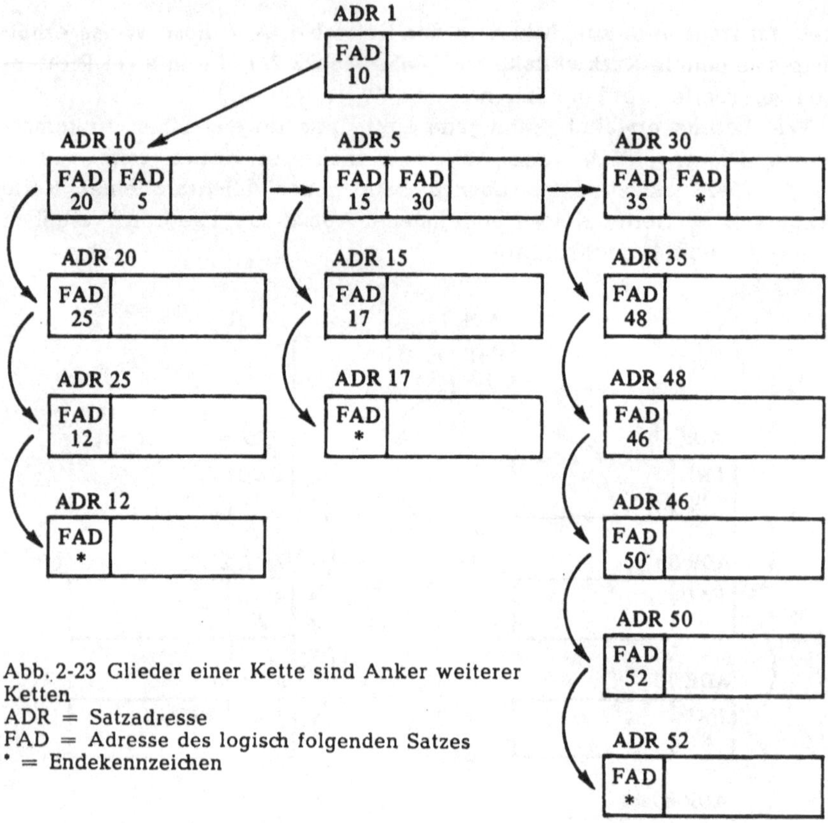

Abb. 2-23 Glieder einer Kette sind Anker weiterer Ketten
ADR = Satzadresse
FAD = Adresse des logisch folgenden Satzes
* = Endekennzeichen

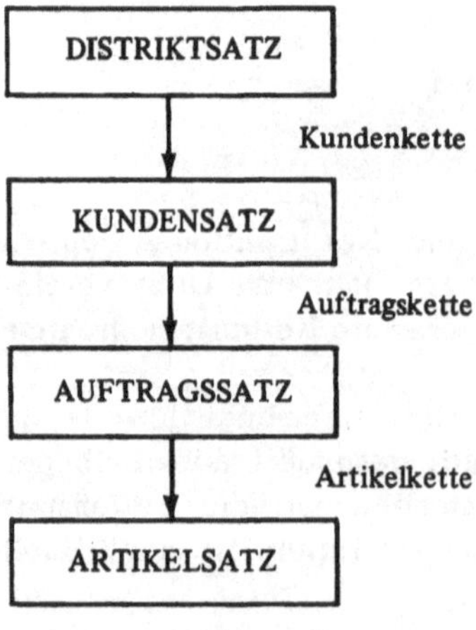

Abb. 2-24 Beispiel eines Kettensteno-gramms

2.3.3. Datenverdichtung

Mittels der Adreßtechnik ist es nun möglich, mehrmals auftretende Sätze gleichen Inhalts nur einmal zu speichern. Die Datenbestände können durch diese Methode relativ redundanzfrei abgelegt werden. Da jedoch die bei Datenbanken eingesetzten Randomspeicher recht teuer sind und möglichst jeder Speicherverschnitt vermieden werden sollte, reicht die Technik der Adreßketten nicht aus, wenn man ein optimales Preis-/Kapazitätsverhältnis erzielen möchte.

Neben der Adreßtechnik ist es in vielen Fällen zweckmäßig, zusätzlich die sogenannte Datenverdichtung einzusetzen, d. h. die Daten sollen auf den Randomspeichern auf ihren wesentlichen Inhalt beschränkt werden. Dies wird durch spezielle Softwareroutinen realisiert, die sowohl zum Zweck der Komprimierung des Ursprungsdatenbestandes als auch zur Dekomprimierung für die weitere Verarbeitung benötigt werden. Auf eine ökonomische Relation zwischen dem angestrebten Speichergewinn und den zeitbelastenden Komprimierungs- und Dekomprimierungsverfahren ist zu achten.

Für die Realisierung der Datenverdichtung gibt es verschiedene Möglichkeiten, von denen die gebräuchlichsten im nachfolgenden kurz erwähnt werden.

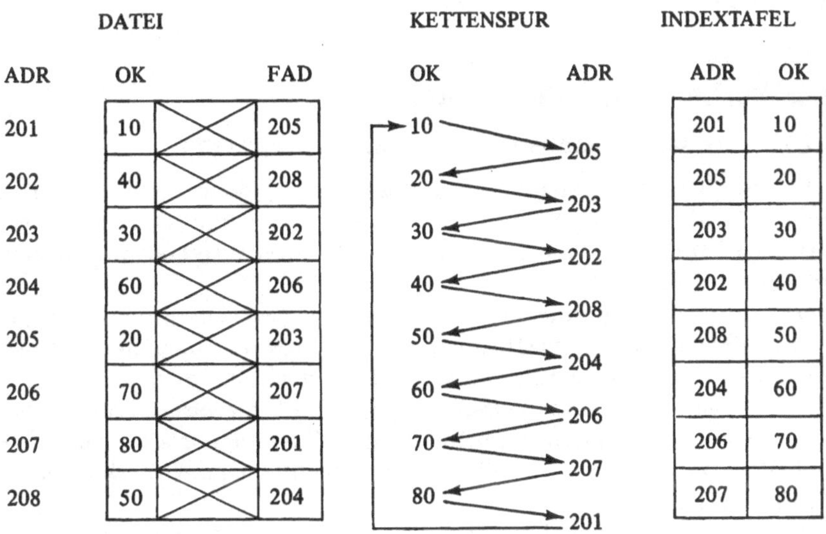

Abb. 2-25 Kettenspur
ADR = Satzadresse
FAD = Adresse des logisch folgenden Satzes
OK = Ordnungskriterium

Codereduzierung

Dieses Verfahren basiert darauf, daß viele Zeichen, die in dem jeweiligen Zentralcode einer Rechenanlage dargestellt werden können, in der Datenbasis nie erscheinen. Besteht ein Zeichen des Zentralcode z. B. aus 8 Bits, so stehen demzufolge $2^8 = 256$ verschiedene Zeichen zur Verfügung. Werden jedoch in einem Datenbestand nur alphabetische und numerische Texte geführt, d. h. $26 + 10 = 36$ verschiedene Zeichen zur Darstellung benötigt, so könnte man alle Zeichen mit einer Länge von 6 Bits auf dem peripheren Speicher ablegen.

Bei unmittelbarem Aneinanderreihen dieser 6-Bit-Zeichen wird somit eine Speicherplatzeinsparung von 25 Prozent erreicht.

Schubladentechnik

Bei häufig auftretenden sich wiederholenden Informationsteilen können diese Teile mit einer Kennziffer versehen werden. Statt des Informationsteils wird die vorher zugeteilte Kennziffer abgespeichert.

Feldverkürzung

Die Sätze einer Datei werden in den seltensten Fällen kompakt mit relevanten Daten gefüllt sein. Häufiger wird es vorkommen, daß ein Satz neben den Daten auch freie Felder enthält. Hier ist es zweckmäßig, eine Routine anzusetzen, die jedes Feld so verkürzt, daß kein freier Speicherraum mehr enthalten ist.

2.4. Verkehr mit Datenbanken

2.4.1. Software-Komponente eines Datenbanksystems

Die Software-Komponente eines Datenbanksystems stellt die integrierte Zusammenfassung der Steuerungs-, Verwaltungs- und Dienstleistungsroutinen dar, die Informationssysteme auf Rechenanlagen erst ermöglicht (Abb. 2-26).

Verfügt das entsprechende Betriebssystem über ein Daten-Management, können diese Dienstleistungen die Software-Komponente eines Datenbanksystems wesentlich unterstützen und vereinfachen.

Das Daten-Management enthält neben den erforderlichen Steuerfunktionen spezielle Standardroutinen für die Datenorganisation der E/A-Einheiten; z. B. die sequentielle, index-sequentielle und direkte Organisationsform.

Zwei Arten von Modulen übernehmen die E/A-Steuerung des Daten-Managements:

— der Physische E/A-Modul (PEAM)
  als Bestandteil des Supervisors

— der Logische E/A-Modul (LEAM)
  als Bestandteil der Benutzerprogramme

Der PEAM stellt den zentralen Bestandteil des Supervisors dar und wird zur Residenz des Betriebssystems gezählt. Seine wesentliche Aufgabe besteht in der Steuerung der E/A-Anforderungen und der Behandlung von E/A-Unterbrechungen.

Der LEAM ist eine Zusammenfassung logischer Datei-Zugriffroutinen, die eine Verknüpfung zwischen dem Benutzerprogramm und dem Physischen E/A-Modul herstellen. Diese Routinen werden durch imperative Makros des Benutzerprogramms aktiviert.

Datenbanksysteme müssen allerdings auch auf Anlagen realisiert werden können, deren Betriebssysteme über kein derartiges Daten-Management verfügen. Hier müssen die Leistungen des PEAM und LEAM größtenteils speziell für das Datenbanksystem entwickelt und programmiert werden. Dieser Teil wird dann als Datenbankprozessor bezeichnet.

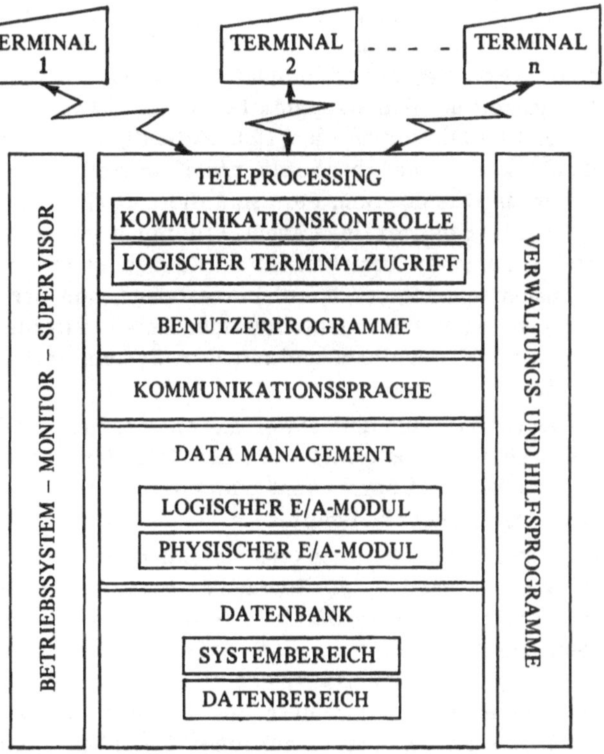

Abb. 2-26 Software-Komponente eines Datenbanksystems

In vielen Organisationsbereichen, in denen Informationssysteme errichtet werden, liegen Kommunikationsbeziehungen vor, die es einer Vielzahl von Teilnehmern ermöglichen sollen, von räumlich entfernten Terminals mit einer zentral installierten Rechenanlage zu verkehren. Dies setzt EDV-Anlagen voraus, die neben der gerätetechnischen Konfiguration eine Betriebsart wie Multiprogramming oder Time-Sharing besitzen. Die in der Abb. 2-26 aufgeführte Kommunikationskontrolle umfaßt neben der technischen Übertragung von Nachrichten Routinen für Code-Umwandlung, Fehleranalyse bzw. Fehlerkorrektur.

Aufgabe einer Kommunikationssprache ist es, jedem — auch EDV-unkundigen — Benutzer es zu ermöglichen, Anfragen an eine Datenbank zu stellen.

2.4.2. Datenbeschreibungssprache

In Datenbanksystemen mit formatierten Datenbeständen ist es zweckmäßig, in einem besonderen Bereich die in den Sätzen einer Datei auftretenden Begriffe mit ihren daten- und dateitechnischen Attributen zu definieren. Diese Bereiche, die mit zum Bestandteil einer Datenbank gehören, werden Datenbeschreibungstafeln (data description table = DDT) genannt. Von der zu erfüllenden Funktion her haben sie eine gewisse Ähnlichkeit mit den erzeugten Datendeklarationen in der DATA DIVISION bei COBOL und in dem DECLARE Statement bei PL/1. Das Vorhandensein solcher Datenbeschreibungstafeln stellt für den Programmierer eine große Erleichterung dar. Sind diese DDT's einmal definiert, so kann sich der Benutzer in seinem Programm jedesmal auf diese beschreibenden Angaben beziehen, ohne sie neu erstellen zu müssen. In diesem Zusammenhang ist darauf hinzuweisen, daß der Aufbau der DDT's die Beachtung vieler datentechnischer Details erfordert und demzufolge nur vom EDV-kundigen und mit dem System vertrauten Benutzer erfolgen darf.

Da bei jedem Bezug auf eine Datei die entsprechende DDT benötigt wird, ist es deshalb aus zugriffstechnischen Gründen angebracht, diese DDT's entweder kernspeicherresident oder, wenn dies nicht möglich ist, auf sekundäre Datenträger zu lagern.

Eine Datei ist für das Datenbanksystem erst dann existent, wenn die zugehörige DDT vorhanden ist. Schon vor dem Aufbau einer Datenbank müssen die zugehörigen DDT's für das System verfügbar gemacht worden sein. Ein Benutzer muß also, bevor er den ersten Datensatz speichern kann, genau seine Daten analysieren und Speicherungsform, Satztyp usw. angeben können. Diese Beschreibung der Daten und der Aufbau der DDT's ist bei den vorhandenen Datenbanksystemen unterschiedlich.

— Bei operierenden Datenbanksystemen wird die Datenbeschreibung mittels der Befehle der Basissprache vorgenommen. Ist COBOL z. B. die Basissprache, so erfolgt die Deklaration der Daten in der WORKING-STORAGE-SECTION der DATA-DIVISION.

— Exekutiv-Systeme besitzen keine Basissprache; die Daten werden hier mittels einer eigenen Datenbeschreibungssprache (data description language) deklariert.

Wenn auch die Erstellung der DDT's in den exekutiven und operierenden Systemen unterschiedlich gehandhabt wird, so sind doch die Informationen in den DDT's in der Regel bei beiden Systemen dieselben.

Der Aufbau der DDT's kann in drei Ebenen unterteilt sein:
— Dateiebene
— Satzebene
— Daten-Management-Ebene

Die *Dateiebene* wird mit einer Spezifikation eröffnet, die sich auf den gesamten Bestand der Datei bezieht. Dazu gehört der die Datei identifizierende Dateiname, gegebenenfalls die Angabe weiterer Synonyme, unter der die Datei angesprochen werden kann, sowie der Satztyp und die Satzlänge. Diesen Eintragungen folgen optionale Angaben, die Spezifikation eines Sicherheitsschlüssels (Password), der nur privilegierten Benutzern den Zugang zur Datei ermöglicht, sowie Angaben der Druckaufbereitung (Masken).

In der *Satzebene* der DDT wird eine Beschreibung der einzelnen Felder in der Reihenfolge ihres Auftretens vorgenommen, wobei Feldunterteilungen speziell zu bezeichnen sind. Desweiteren folgen u. a. Angaben über die Feldlänge, die Art der Datendarstellung und eventuelle Plausibilitätskontrollen. Nachdem die Felder auf diese Weise beschrieben sind, müssen Eintragungen vorgenommen werden, die die Satzebene (Stufennummer), sowie die Sortierfolge innerhalb der Felder betreffen.

Die *Daten-Management-Ebene* beinhaltet Spezifikationen, die den Logischen E/A-Modul betreffen, also gewünschte Speicherungsform, Blockung, Verkettung usw.

2.4.3. Datenmanipulationssprache

Operierende Datenbanksysteme besitzen als Basissprache eine problemorientierende Programmiersprache (z. B. COBOL), die dem Benutzer den verfahrensorientierten Rahmen bietet, eine Verarbeitung der Daten im Primärspeicher durchzuführen.

Allen als Basissprache in Betracht kommenden Höheren Programmiersprachen ist ein Nachteil gemeinsam. Sie besitzen keine leistungsfähigen Statements, um komfortable Transfers zwischen der auf einem Direktzugriffsspeicher liegenden Datenbank und dem Arbeitsspeicherbereich (User-Working Area) zu ermöglichen. Es ist demzufolge naheliegend, diese Basissprachen mit spezifischen datenmanipulativen Statements zu erweitern und darüber hinaus noch Routinen in diese Sprache zu implementieren, die qualifizierte Recherchen auf Satz- und Dateiebene ermöglichen. Dieser Ergänzungsteil zur standardisierten Form der jeweiligen Basissprache wird als Datenmanipulationssprache (DMS) bezeichnet.

Sämtliche Dienstleistungen, die sowohl Daten vom Arbeitsspeicherbereich in die Datenbank als auch von der Datenbank in den Arbeitsspeicherbereich transferieren, werden in der Datenmanipulationssprache geschrieben und als Datentransporte bezeichnet.

Weitere Beispiele solcher Dienstleistungen sind:

Systemdienste: OEFFNEN, ABSCHLIESSEN
Änderungsdienste: AENDERN, LOESCHEN

Wurde COBOL als Basissprache gewählt, so können in der PROCEDURE DIVISION die Makros der Datenmanipulationssprache in der gleichen Form verwandt werden wie COBOL-Befehle. Aus der Sicht des Programmierers wird nur eine Sprache benutzt — eine Sprache, die die Eigenschaften von COBOL und der Datenmanipulationssprache vereinigt.

2.4.4. Kommunikationssprache

Diesem Terminus sind eine Vielzahl von Sprachtypen zuzuordnen, die von ihrem Leistungsspektrum her zum Teil stark divergieren. Dialogsprachen, Abfragesprachen, Data Management Languages, Query Languages, Datenbanksprachen, Question-Answering Systems, Data Base and File Management Languages, Informations Retrieval Languages, Inquiry Languages sind nur einige Begriffe, die in diesem Zusammenhang in der Literatur zu finden sind. Eine klare Trennung dieser Begriffe ist schon deshalb nicht möglich, weil die Betrachtungsweise des Benutzers und die Dienstleistungen der Sprache verschieden sind. All diesen Sprachtypen gleich ist nur die Funktion, die sie erfüllen: einen Kommunikationsprozeß zwischen der Datenbank und dem Benutzer durchzuführen.

Während bei operierenden Systemen eine Auskunft meist nur über den Weg einer konventionellen Programmerstellung erfolgen kann, besitzen die exekutiven Systeme eine speziell für den Kommunikationsbereich Mensch-Maschine entwickelte Sprache. Sie kann auch von

EDV-unkundigen Benutzern gehandhabt werden und ihre Syntax ermöglicht eine umgangssprachlich orientierte Formulierung. Zusammen mit den Möglichkeiten der Datenfernverarbeitung und den Leistungen eines Teilnehmer-Dialogsystems konnte damit ein entscheidender Schritt zur Überwindung der Verständigungsbarriere innerhalb eines Informationssystems vollzogen werden.

Kennzeichen einer Kommunikatiossprache ist die Dreiteilung des Aufbaues einer Anfrage in:

— Definitionsteil
— Bedingungsteil
— Anweisungsteil

Im Definitionsteil erfolgt die Spezifikation der angesprochenen Datei und der Datensätze aus dieser Datei, die für die gewünschten Auswertungen in Frage kommen.

Logische Verknüpfungen und arithmetische Auswertungen, die an die Datensätze bzw. Datenelemente der entsprechenden Dateien gestellt werden, werden im Bedingungsteil formuliert, während der Anweisungsteil in der Regel Angaben über die gewünschte Ausgabeform auf dem jeweiligen Terminal enthält.

Der gesamte Anfragestring wird mittels eines Übersetzers (Language Processor) in ein maschineninternes Programm generiert, das die vom Benutzer angeforderte Recherche realisiert. Die für die Durchführung der Abfrage notwendigen datenspezifischen Angaben über den Ort der gesuchten Information auf dem peripheren Speicher holt sich der Übersetzer aus den dafür angelegten Datenbeschreibungstabellen.

Die kommunikative Verbindung zwischen der Benutzerebene auf der einen und der Datenbank auf der anderen Seite soll in Abb. 2-27 verdeutlicht werden.

Dieses Kommunikationskonzept — so idealisiert es auch für den Designer von Datenbanksystemen sein mag — entspricht genau den von seiten der Benutzer erhobenen Forderungen.

1. Durch eine eigenständige *Datenbeschreibungssprache* (② in Abb. 2-27) wird dem für das Gesamtsystem Verantwortlichen (Data-Manager) die Möglichkeit gegeben, mit einheitlichen Parametern eine Beschreibung der gesamten Datenbank vorzunehmen. Bei operierenden Systemen ist keine eigenständige Datenbeschreibungssprache vorhanden; die Beschreibung der Daten wird mittels spezieller Parameter in der Basissprache vorgenommen und stellt den Erweiterungsteil zur standardisierten Form der Basissprache dar.

2. Mittels der *Datenmanipulationssprache* (③ in Abb. 2-27) ist es möglich, das Leistungsspektrum der Höheren Programmiersprache ent-

scheidend zu verbessern. Der mit dem Gesamtsystem vertraute Benutzer (Programmierer) kann mit Hilfe der Basis- und Manipulationssprache umfangreiche und vielschichtige Auswertungen des Datenbestandes durchführen (operierende Ebene).

3. Der exekutiven Ebene *(Führungsebene)* eines Unternehmens wird mittels einer umgangssprachlich orientierten Kommunikationssprache die Möglichkeit gegeben, via Terminals als aktiver Teil an einem Informationssystem zu partizipieren. Sämtliche Informationsbedürfnisse könnten direkt abgedeckt werden, ohne den zeitaufwendigen Umweg einer konventionellen Programmerstellung zu gehen (① in Abb. 2-27). Gerade eine ausgewogene Lösung dieses Zweiges des Kommunikationskonzepts wird in der Praxis über die Effizienz eines Informationssystems entscheiden.

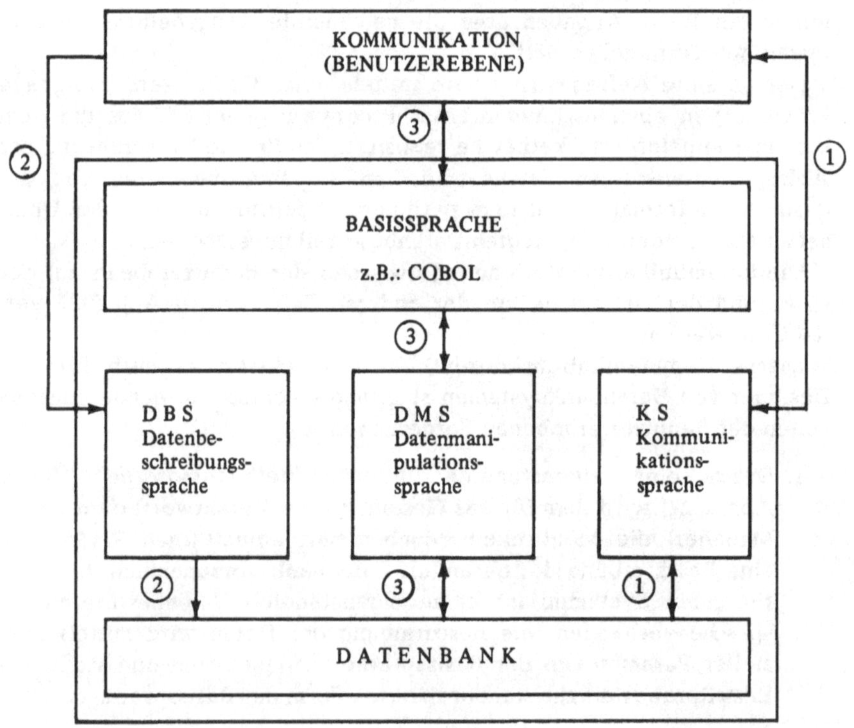

Abb. 2-27 Beispiel eines funktionellen, modularen Kummunikationskonzepts

2.5. Exekutive und operierende Systeme

Bisher wurde in den verschiedenen Abschnitten mehrmals auf die unterschiedlichen Konstruktionsbedingungen der exekutiven und operierenden Systeme hingewiesen. In Abb. 2-28 sind diese charakteristischen Merkmale zusammengestellt.

Eigenschaften \ Systeme	Exekutive Systeme	Operierende Systeme
Eigenes Datenbank-verwaltungssystem	ja	ja
Datenbeschreibung	Mittels eigener Datenbeschreibungssprache (DBS)	Mittels Befehlen der Basissprache
Datenmanipulation	In der Regel mittels Funktionen des Daten-Managements	Meist eigene Datenmanipulationssprache (DMS)
Kommunikation	Anfragen werden mittels einer Kommunikationssprache formuliert	Anfragen müssen mittels den Befehlen der Basissprache und der DMS programmiert werden
Kommunikative Manipulation	Meist leicht zu handhaben	Programmierkenntnisse erforderlich
Änderungsfrequenz der Datenbestände	In der Regel gering	häufig
Einsatzgebiete	Auskunftssysteme	Führungssysteme Planungssysteme
Beispiele	ADABAS GIS POLIS	DBS IDS IMS

Abb. 2-28 Charakteristische Merkmale exekutiver und operierender Systeme

3. Datenbanksysteme

3.1. Übersicht der Systeme

Wesentliches Kriterium für die Einteilung der Datenbanksysteme ist die Struktur der ihnen zugrunde liegenden Datenbestände, die aus dem jeweiligen Anwendungsgebiet resultieren. Auf der einen Seite stehen Datenbestände der kommerziellen Datenverarbeitung, auf der anderen Seite Bestände, in denen Texte abgespeichert sind. Da diese beiden Bestandstypen völlig verschiedene Abläufe im Datenbanksystem erfordern, wird hier auf einige wesentliche Unterschiede in deren Satzbau eingegangen.

Datenbestände z. B. aus der kommerziellen Datenverarbeitung haben einen ganz bestimmten Aufbau, und deren Inhalt ist fest definiert. Jedem auftretenden Datensatz kann eindeutig eine Satzstruktur zugeordnet werden. Aufgrund seiner Zugehörigkeit zur Datei oder aufgrund eines Ordnungskriteriums erkennt das System, wie der Satz aufgebaut ist und in welcher Reihenfolge seine Felder angeordnet sind. Jeder Satztyp hat ein eigenes Datenformat; deshalb werden diese Dateien auch formatiert genannt.

Demgegenüber stehen die unformatierten Dateien, deren Satzinhalte nicht unter einheitlichen Gesichtspunkten gesehen werden können. Der Hauptvertreter solcher Systeme ist im Bibliotheks- und Dokumentationswesen zu sehen. Sätze dieser Dateien können nicht durch Ordnungskriterien oder durch feste Stellenzuordnung der Felder, sondern nur durch die gespeicherte Information selbst identifiziert werden. Die Maschine müßte also den Sinngehalt des Abgelegten voll erkennen und interpretieren können. Nimmt man nur die Beispiele der grammatikalischen Unregelmäßigkeiten, der Homonyme oder der Synonyme, so erkennt man schnell, daß es einen hohen Aufwand an Programmierung und Rechenzeit erforderlich machen würde, wenn eine Rechenanlage Texte deuten sollte, zumal sie ja über keinerlei linguistische Fähigkeiten verfügt. Es wurde deshalb weitgehend darauf verzichtet, ganze Texte abzuspeichern und deren Deutung der Maschine zu überlassen. Meist geht man den Weg, daß zur eindeutigen Klassifizierung eines „Dokuments", d. h. eines Kapitels eines Buches, eines Zeitungsartikels oder dgl. lediglich eine Nummer geführt wird. Zur Beschreibung der Dokumente werden sogenannte Deskriptoren oder Schlagworte gespeichert. Deskriptoren können Wörter sein, die in dem entsprechenden Dokument enthalten sind, oder auch der Name des Autors, das Jahr der Veröffentlichung und dgl. Wenn auch viel von automatischer Indizierung und automatischer Textanalyse gesprochen wird, d. h. die Extraktion der Schlagworte der Rechenanlage zu überlassen, werden die Deskriptoren heute meist noch manuell herausgesucht und direkt auf einen Datenträger geschrieben.

Bei den bisher bestehenden Datenbanksystemen mit unformatierten Beständen, von denen einige in Abb. 3-1 aufgeführt sind, wurde das Hauptgewicht auf das Speichern und besonders das schnelle Wiederauffinden von Informationen, das sogenannte Information Retrieval, gelegt. Das gab diesen Systemen auch den Namen Information Retrieval Systeme oder Informationsbereitstellungssysteme.

Systeme	Kurzform für	Hersteller/ Entwickler	Entwicklungs-zeitraum
ANIS	Allgemeines Nichtnumerisches Informationssystem	IBM/BRD	1967*
DPS	Documental Processing System	IBM/USA	1968 - 1969
GOLEM	Großraumspeicherorientierte listenorganisierte Ermittlungsmethode	Siemens AG/BRD	1966 - 1970
TELDOK	Telefunken Dokumentationssystem	AEG-TELEFUNKEN/BRD	1966 - 1970

Abb. 3-1 Übersicht der Datenbanksysteme mit unformatierten Datenbeständen
* Entwicklungszeitraum nicht eindeutig feststellbar

Der Einfachheit halber untersuchen wir hier nur zwei Suchprozesse:

— Es werden alle Deskriptoren gesucht, die in einem Dokument enthalten sind bzw. einer Dokumentennummer zugeordnet sind.
  Die zugrunde liegenden Bestände müssen dokumentenorientiert sein (siehe Abb. 3-2); oft werden sie auch als direct file bezeichnet.
— Es sollen die Dokumente ermittelt werden, in denen bestimmte vorgegebene Schlagworte enthalten sind. Ein solch deskriptororientierter Bestand (Abb. 3-2) wird auch inverted file genannt.

Eine Übersicht der bekanntesten und zum Teil in der Praxis erprobten Datenbanksysteme wird in Abb. 3-3 gegeben. All diesen Systemen ist gemeinsam, daß sie primär mit formatierten Datenbeständen arbeiten.

Einige davon wurden nur für Studienzwecke entwickelt (z. B. RESI), andere wiederum haben das ursprünglich projektierte Entwicklungsziel nie erreicht. Das Leistungsspektrum ist ebenfalls recht unterschiedlich, und der Einsatz dieser Systeme ist zum Teil nur ganz speziellen Anwendungsbereichen vorbehalten. Die Systeme FFS — das auch unter der Bezeichnung NIPS/FFS in der Literatur zu finden ist —, RESI, TDMS, TOS und 473L wurden hauptsächlich für militärische Belange entwickelt.

Die dort gewonnenen Erfahrungen sind von den Herstellerfirmen bei nachfolgenden zivilen Versionen berücksichtigt worden.

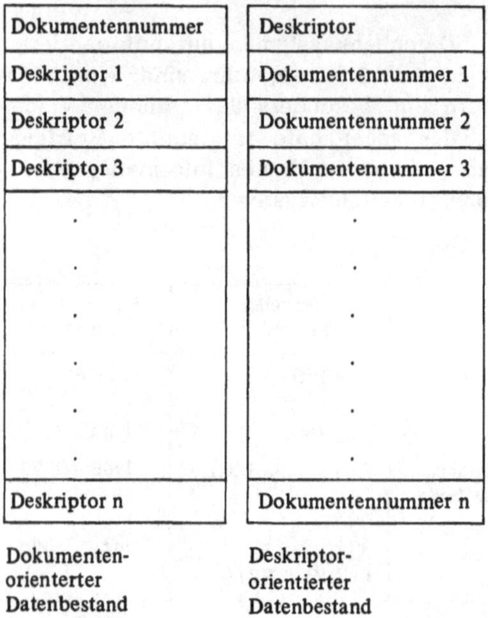

Abb. 3-2 Dokumenten- und deskriptor-orientierter Datenbestand

Soweit autorisierte Unterlagen über diese Systeme vorhanden waren, wurden in Abb. 3-4 und Abb. 3-5 einige charakteristische Eigenschaften aufgezeichnet.

In den nachfolgenden Kapiteln werden die in Abb. 3-5 beschriebenen Datenbanksysteme

IDS
GIS
IMS
DBS
ADABAS
POLIS

eingehend erörtert. Kriterium für diese Auswahl war ausschließlich die Tatsache, daß diese Systeme im deutschen Sprachraum eingesetzt sind und detaillierte Unterlagen zur Verfügung stehen.

3.2. Systematik der Beschreibung

Die Darstellungen der Datenbanksysteme in den Handbüchern und Veröffentlichungen der verschiedenen Hersteller unterscheiden sich sehr stark. Für den Leser ist es daher schwierig, die Systeme mitein-

Systeme	Kurzform für	Hersteller/Entwickler	Entwicklungs-zeitraum
ADAM	Advanced Data Management System	MITRE Corporation/USA	1964 – 1965
ADABAS	Adaptierbares Datenbanksystem	Software AG/BRD	1969 – 1971
DBS 440	Datenbanksystem TR 440	AEG–TELEFUNKEN/BRD	1969 – 1971
DL – 1	Data Language – 1	Space Division of North American Aviation, Inc. (NAA)/IBM/USA	1965 – 1967
DM – 1	Data Manager – 1	Auerbach Corporation/USA	1966*
FFS	Formatted File System	IBM/USA	1966 – 1968
GIS	Generalized Information System	IBM/USA	1966 – 1969
GIM	Generalized Information Management	TRW Systems Group/USA	1968*
IDS	Integrated Data Store	General Electric/USA	1964 – 1966
IMS	Information Management System	IBM/USA	1968 – 1969
ISL	Information System Leasing	Information System Leasing Corporation/USA	1969 – 1971
MARK IV	–	Informatics Inc./USA	1966 – 1968
MARS	Multi-Access-Retrieval-System	CDC/USA	1966 – 1968
OMNIBUS	–	Industrial Indemnity Company/USA	1966 – 1968
POLIS	Polys Informationssystem	Gesellschaft für Systementwicklung/BRD	1969 – 1970
RESI	Rechner-System Intelligence	Industrie- und Anlagenbetriebsgesellschaft (IABG)/BRD	1968 – 1969
SC – 1	System Control – 1	Western Electric Company, Inc./USA	1968 – 1969
TDMS	Time-Shared Data Management System	System Development Corporation/USA	1965 – 1968
TOS	Tactical Operation System	Bunker Ramo Corporation/USA	1965 – 1967
UL/1	User Language / 1	RCA/USA	1968*
473 L		IBM/USA	1962 – 1965

Abb. 3-3 Übersicht der Datenbanksysteme mit formatierten Datenbeständen
* Entwicklungszeitraum nicht eindeutig feststellbar

Charakteristische Eigenschaften des Systems / System	ADAM	DM – 1	FFS	GIM	ISL
Rechenanlage	IBM 7030	IBM 360/40	IBM 1410/7090	IBM 360/30 aufwärts	IBM 360/25 aufwärts
Datenträger	Band Platte	Platte	Band Platte	Band Platte	abhängig von Rechenanlagen
Datenstruktur	hierarchisch	hierarchisch	bedingt hierarchisch	hierarchisch, Netzwerk	hierarchisch, Netzwerk
Zugriffsschutz	ja	ja	bedingt	*	*
Speicherungsform	sequentiell direkt	sequentiell direkt	sequentiell logisch sequentiell	direkt	direkt sequentiell
Adaptierbare Programmiersprache	FORTRAN (bedingt)	JOVIAL COBOL PL/1	Assembler	RPG	COBOL RPG
Typ der Kommunikationssprache	umgangssprachl. orientiert	Benutzerorientiert	FORTRAN ähnl. Programmierspr.	spezielle Makrosprache	Benutzerorientierte Kommunikationsspr.
Zweck und vorgesehener Einsatz	Militär	kommerziell	Militär	kommerziell	kommerziell

Abb. 3-4 Charakteristische Merkmale einiger Datenbanksysteme
* nicht bekannt

MARK IV	MARS	OMNIBUS	RESI	TDMS
IBM 360/25 aufwärts	CDC 3300-3500	IBM 360/30 aufwärts	IBM 360/30 aufwärts	IBM 360/50
Band Platte	Band Platte	Band Platte	Platte	Band Platte
hier-archisch	hier-archisch	hier-archisch	hier-archisch	hier-archisch
*	ja	*	nein	nur auf OS-Ebene
direkt sequentiell	sequentiell index-sequentiell, direkt	sequentiell index-sequentiell, direkt	sequentiell	direkt
*	COBOL FORTRAN	COBOL PL/1	PL/1	JOVIAL
Benutzer-orientierte Kommunikationsspr.	Abfragesprache mit FORTRAN- und COBOL-ähnl. Statements	gehobene Programmiersprache	quasi deutsche Abfragesprache	quasi englisch orientierte Programmiersprache
kommer-ziell	Militär kommerziell	kommer-ziell	Militär	Militär kommerziell

Charakteristische Eigenschaften des Systems / System	IDS	GIS	IMS
Rechenanlage	GE 200 GE 400 GE 600	IBM 360/40 IBM 360/50	IBM 360/40 aufwärts
Datenträger	Platte	Band Platte	Band Platte
Datenstruktur	hierarchisch, Netzwerk	hierarchisch	hierarchisch
Zugriffsschutz	ja	ja	ja
Speicherungsform	sequentiell random	sequentiell index-sequentiell	sequentiell index-sequentiell
Adaptierbare Programmiersprachen	COBOL FORTRAN		COBOL PL/1
Typ der Kommunikationssprache		umfassende, benutzerorientierte Dialogsprache	
Zweck und vorgesehener Einsatz	kommerziell administrativ	kommerziell	kommerziell

Abb. 3-5 Charakteristische Merkmale einiger Datenbanksysteme

DBS	ADABAS	POLIS
TR 440	IBM 360/30 aufwärts Siemens 4004	IBM 360/30 aufwärts
Trommel Wechselplatte	Platte	Band Platte
hierarchisch, Netzwerk	hierarchisch	hierarchisch
ja	ja	ja
sequentiell index-sequentiell random	sequentiell index-sequentiell	sequentiell index-sequentiell
ALGOL COBOL FORTRAN	COBOL FORTRAN PL/1	
		der deutschen Umgangssprache angepaßte Abfragesprache
kommerziell administrativ Militär	kommerziell	kommerziell

ander zu vergleichen und das für seine Aufgaben geeignete System zu finden. Um diesen Vergleich zu ermöglichen, erfolgen alle Beschreibungen nach einer einheitlichen Gliederung. Außerdem werden die Systemleistungen an Beispielen demonstriert, die für alle Systeme gleich sind. Bei der Beschreibung werden jeweils die Begriffe des Systems benutzt. Damit soll die weitere Einarbeitung in ein für den Leser besonders interessantes System erleichtert werden. Die einheitliche Gliederung und die gemeinsamen Beispiele sollen im folgenden etwas näher erläutert werden.

Einführung

In einer Einführung in das System wird zunächst der Name des Systems erklärt und der Hersteller näher beschrieben. Eine Kurzbeschreibung gibt eine Übersicht der wichtigsten Bestandteile und des Konstruktionsprinzips. Im letzten Abschnitt der Einführung werden einige einführende Schriften angegeben, wobei besonders deutschsprachige Schriften berücksichtigt wurden. Die Beschreibung des Systems erfolgt auf der Grundlage dieser Schriften, auf weitere Literaturhinweise im Text wurde daher verzichtet.

Datenorganisation

Eines der wichtigsten Kriterien zur Beurteilung eines Datenbanksystems ist die Datenorganisation.

Die Strukturierung der Daten in Sätze, Gruppen und Felder wird als erstes beschrieben. Bei den meisten Systemen können außerdem Verbindungen zwischen logisch zusammengehörenden Sätzen hergestellt werden. Die Art und der Freiheitsgrad dieser Verbindungen ist dabei sehr unterschiedlich.

Für den schnellen Zugriff zu den Daten ist die Speicherungsform wichtig. Die Organisation des Speichermediums und des Zugriffs zu den Daten bestimmt wesentlich die Verarbeitungsgeschwindigkeit und auch die Ausnutzung des Speicherplatzes.

Der Benutzer muß die Struktur seiner Daten mit Hilfe einer Beschreibungssprache definieren. Um die unterschiedliche Anwendungsfreundlichkeit der Systeme deutlich zu machen, wird mit Hilfe der jeweiligen Sprache ein gemeinsames Beispiel beschrieben. Das Beispiel stammt aus der kommerziellen Datenverarbeitung: Ein Kunde gibt Aufträge an eine Firma, und diese Firma legt daraufhin einen Kundensatz mit zugehörigen Auftragssätzen an. In Abb. 3-6 ist eine vereinfachte Darstellung dieser Sätze enthalten. In dem Bild werden jeweils der Inhalt und darunter der Name der Felder bzw. Datengruppen angegeben.

Kundensatz KUNDEN				
Kunden-nummer KUNDNR	Name NAME	Adresse ADRESSE		Branche BRANCHE
		Postleitzahl PLZ	Ort ORT	

Auftragssatz AUFTR				
Auftrags-nummer AUFNR	Auftrags-eingang DATEIN	Liefer-termin DATAUS	Artikel-nummer ARTNR	Eilkenn-zeichen EILKZ

Abb. 3-6 Struktur von Kundensatz und Auftragssatz

Funktionen des Systems

Die Funktionen sind unterteilt in

— Anfragen an die Datenbank
— Datenbankänderung
— Datenbankaufbau
— Weitere Funktionen

Alle Funktionen werden einzeln beschrieben, sie sind allerdings nicht in allen Systemen genau voneinander abzugrenzen. Diese Grundfunktionen zum Betreiben einer Datenbank haben nun allerdings je nach Einsatz des Systems unterschiedliche Bedeutung. Wichtig ist vor allem die Häufigkeit des Auftretens von Änderungen und von Anfragen an die Datenbank. Wenn z. B. nur selten direkte Anfragen gewünscht werden und diese Anfragen nicht sofort benötigt werden, so ist keine voll ausgebaute Abfragesprache erforderlich. In einem gemeinsamen Beispiel — Holen eines bestimmten Kundensatzes und Ausgabe von Daten aus dem Satz — wird gezeigt, wie eine Anfrage bei den verschiedenen Systemen formuliert werden muß.

Konfiguration und Betriebssystem

Im letzten Abschnitt werden kurz die Konfiguration und das Betriebssystem angeführt, die zum Betrieb des Systems erforderlich sind. Es zeigt sich hier, daß für einige Systeme Anlagen mit sehr großem Kernspeicher benötigt werden, die in Deutschland nur in wenigen Installationen vorhanden sind.

4. IDS

4.1. Einführung in das System

4.1.1. Name der Systeme

IDS is eine Kurzform von Integrated Data Store.

4.1.2. Hersteller

Die Firma General Electric hat IDS entwickelt und 1963 zum ersten Mal vorgestellt. Es läuft auf den Rechnerfamilien GE 200, GE 400 und GE 600. Zur Zeit wird das System von der Firma Honeywell Bull angeboten.

4.1.3. Kurzbeschreibung

IDS ist ein operierendes System, das den Aufbau von formatierten Datenbanken gestattet. Die IDS-Sprache ermöglicht es dem Benutzer, die Struktur seines Systems nach seinen Wünschen festzulegen. Die Sprache arbeitet auf der Basis der Programmiersprachen COBOL und ASSEMBLER. Die folgende Beschreibung bezieht sich zur Vereinfachung der Darstellung nur auf die IDS-COBOL-Verbindung. Mit Hilfe von IDS werden die Aufgaben der Speicherung und des Wiederauffindens der Daten auf der Datenbank gelöst. Alle anderen Operationen wie arithmetische Operationen oder Druckausgabe erfolgen mit Hilfe der Basissprache.

Die Sprachelemente von IDS sind:

— IDS-Parameter für Dateibeschreibung, Speicherbeschreibung, Datensatztypenbeschreibung und Kettenbeschreibung
— IDS-Befehle für Systeminitialisierung und -abschluß, Eingabe, Ausgabe, Änderungsdienst und Dump.

Die IDS-Parameter stehen in der ENVIRONMENT DIVISION und in der IDS SECTION der DATA DIVISION, die IDS-Befehle stehen in der PROCEDURE DIVISION des IDS/COBOL-Programms.

Ein IDS/COBOL-Programm besteht also aus einer Folge von IDS- und COBOL-Eintragungen. Da die IDS-Eintragungen kein standardisierter Teil des COBOL sind, verarbeitet ein IDS-TRANSLATER das vom Benutzer erstellte Programm. Der Übersetzer konvertiert die IDS-Sprachelemente in eine zu COBOL kompatible Form.

Die verschiedenen mit IDS verarbeiteten Datensätze sind in der IDS-DATEI gespeichert. Diese Datei ist unterteilt in Pages (Seiten) gleicher Länge. Bei der Übertragung von Daten vom Randomspeicher in den

Kernspeicher werden immer ganze Seiten transportiert. Am Anfang jeder Seite steht der PAGE HEADER, der identifizierende Informationen und Kontrollinformationen enthält. Außerdem können maximal 63 Datensätze in einer Seite enthalten sein, wobei in einer Seite Sätze verschiedenen Typs stehen.

Die Sätze bestehen aus einem Datenteil und Kettenfeldern, die vom System verwaltet werden und die Struktur der Daten festlegen. Eine Kette wird aufgebaut, um einen logischen Zusammenhang zwischen Sätzen zu definieren; sie beginnt bei einem MASTER (Anker) und enthält beliebig viele DETAILS (Glieder).

Der MASTER einer Kette enthält Informationen, die allen DETAILS gemeinsam sind, er dient außerdem als Einsprungspunkt in die Kette. Jedes DETAIL in einer Kette kann gleichzeitig DETAIL in anderen Ketten oder auch MASTER einer anderen Kette sein. Mit IDS ist also der Aufbau von beliebig verzweigten Netzstrukturen möglich, wobei alle Strukturinformationen vom Benutzer festgelegt werden.

4.1.4. Dokumentation

Eine deutschsprachige Einführung geben folgende Schriften:

Serie GE 400 IDS/COBOL BOS/MT
General Electric Ref. Nr. 18.30.202.D1

Serie GE 400 IDS/COBOL für DAPS, DPS, MTPS
General Electric Ref. Nr. 18.30.207.D
(neuere Ausgabe 1970)

4.2. Datenorganisation

Der Aufbau des Datenteiles der Sätze in der IDS-Datei entspricht den normalen COBOL-Konventionen, da die Sätze in der DATA DIVISION des IDS/COBOL-Programms beschrieben werden. Der Zusammenhang zwischen den Sätzen wird mit IDS-Parametern beschrieben.

4.2.1. Datenstruktur

Die IDS-Datensätze sind Sätze fester Länge und festen Aufbaues. Sie können entsprechend den COBOL-Konventionen in Felder unterteilt werden, wobei die Felder durch einen Namen identifiziert werden. Jedes Feld kann wieder unterteilt werden. Felder, die weiter unterteilt werden, nennt man auch Datengruppen. Zur Erläuterung ist in Abb. 4-1 ein Beispiel für die Untergliederung eines Satzes gegeben:

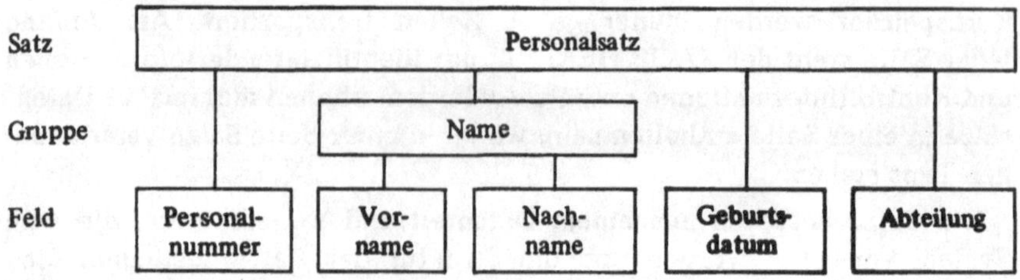

Abb. 4-1 Gliederung eines Datensatzes

Die logischen Beziehungen zwischen den Sätzen werden durch Adreßketten hergestellt. Ausgangspunkt einer Kette ist der MASTER, von dem aus ein Kettenfeld (reference code) auf das erste DETAIL der Kette verweist, von dort wird auf das nächste DETAIL verwiesen, usw. Die Kette wird bei IDS geschlossen, das letzte DETAIL verweist also wieder auf den MASTER (Abb. 4-2).

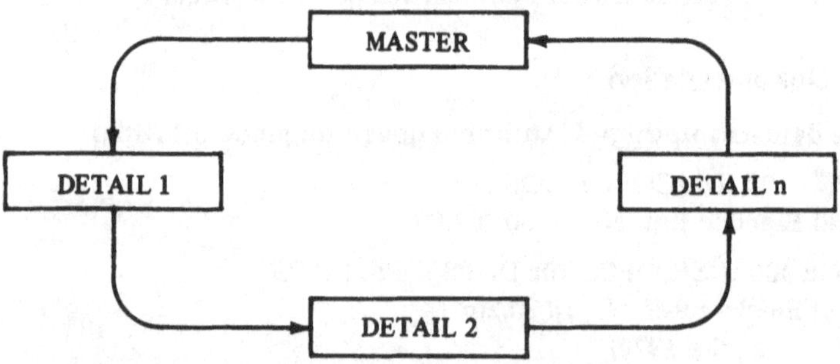

Abb. 4-2 Kette mit Master und Details

Eine Kette kann auch so definiert werden, daß sie in zwei Richtungen durchlaufen werden kann. Das bedeutet für das IDS-System, daß neben dem Kettenfeld NEXT noch ein Kettenfeld PRIOR angelegt wird (Abb. 4-3).

Als Sonderfall dieser Verkettungsart wird das PRIOR-Feld nur für den MASTER angelegt. In der IDS-Terminologie wird diese Verkettung als Last-Verkettung bezeichnet. Das letzte Glied der Kette ist dann ebenfalls vom MASTER aus zu erreichen (Abb. 4-4).

Mit einem dritten Kettenfeld kann die Verbindung aller DETAILS zum MASTER hergestellt werden. Bei einem solchen Kettenaufbau kann IDS von jedem DETAIL direkt zum MASTER springen. Falls alle drei Kettenfelder besetzt sind, sind also von jedem DETAIL der vorhergehende Satz, der nachfolgende Satz und der Master direkt zu erreichen (Abb. 4-5).

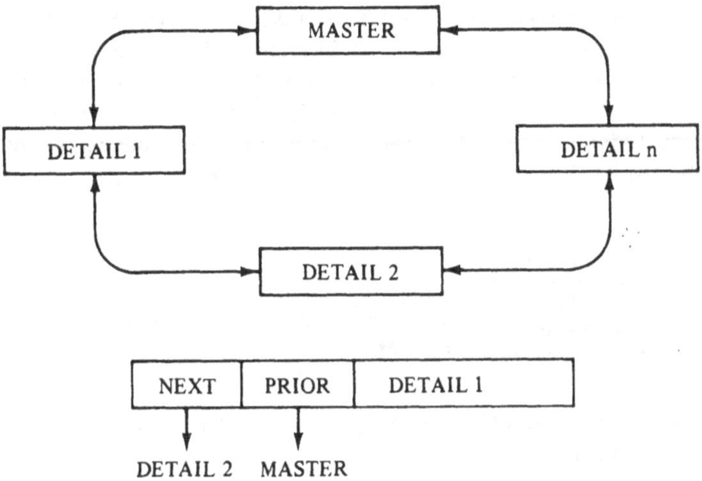

Abb. 4-3 Beispiel einer PRIOR-Verkettung

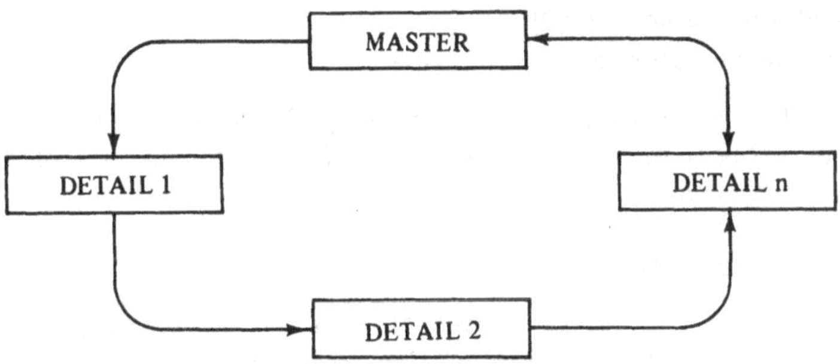

Abb. 4-4 Beispiel einer LAST-Verkettung

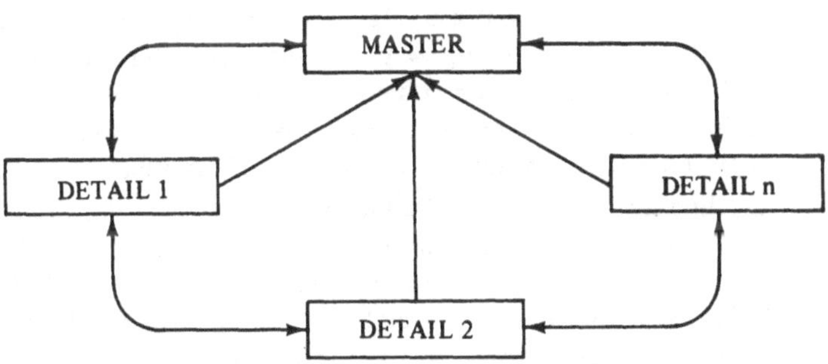

Abb. 4-5 Beispiel mit NEXT, PRIOR und MASTER-Verkettung

Die Beziehungen zwischen verschiedenen Sätzen lassen sich in einem Datenbankstenogramm einfach und übersichtlich darstellen. In diesem Diagramm wird ein Satztyp durch ein Rechteck, eine Kette durch einen Pfeil dargestellt. Der Pfeil zeigt jeweils vom MASTER zum DETAIL. In einem Beispiel wird die Verbindung eines Kundensatzes mit den zugehörigen Auftragssätzen dargestellt (Abb. 4-6).

Abb. 4-6 Beispiel eines Kettenstenogramms

Mit Hilfe dieses Datenbankstenogrammes werden die von IDS ermöglichten Strukturen dargestellt.

— Ein Datensatz kann MASTER beliebig vieler Ketten sein (A, B)
— Ein Satz kann DETAIL beliebig vieler Ketten sein (C, B)
— Ein Satz kann MASTER mehrerer Ketten und gleichzeitig Detail anderer Ketten sein (D)
— In einer Kette können Sätze verschiedenen Typs enthalten sein (E)

Abb. 4-7 zeigt für jede Regel ein Beispiel. Bemerkenswert ist, daß sich die Strukturen B und C nur mit den Systemen IDS und DBS realisieren lassen.

4.2.2. Speicherungsform

Alle mit IDS verwalteten Daten sind in der IDS-Datei gespeichert. Voraussetzung für die Speicherung ist ein Randomspeicher, z. B. Trommel oder Wechselplatte, da nur dort eine Verkettung der Sätze möglich ist. Eine Datei kann aus mehreren SUB-FILES (Unterdateien) bestehen, wobei die SUB-FILES auf unterschiedlichen Speichertypen liegen können.

Die Datei ist in Pages (Seiten) eingeteilt, deren Länge vor dem Aufbau der Datei vom Benutzer festgelegt wird. Wenn ein Datensatz vom Randomspeicher in den Kernspeicher transportiert werden soll, wird immer eine ganze Page übertragen. Der Ausduck Page wird also hier in gleicher Bedeutung benutzt wie der Ausdruck Block beim Magnetband.

Jede Page beginnt mit einem PAGE-HEADER, der identifizierende Informationen und Kontrollinformationen enthält, anschließend können maximal 63 Datensätze gespeichert werden. Jedem dieser Sätze ist eine Line-Nummer zugeordnet. Innerhalb der Seite sind die Sätze nicht nach aufsteigender Line-Nummer sortiert, da neue Sätze die erste freie Line-Nummer innerhalb der Seite bekommen, aber auf dem freien Platz am Ende der Seite abgelegt werden. Beim Löschen eines Satzes werden die nachfolgenden Sätze um die Satzlänge des gelöschten Satzes verschoben, daher steht der freie Platz immer am Ende der Seite.

In Abb. 4-8 ist der Aufbau einer IDS-Page dargestellt.

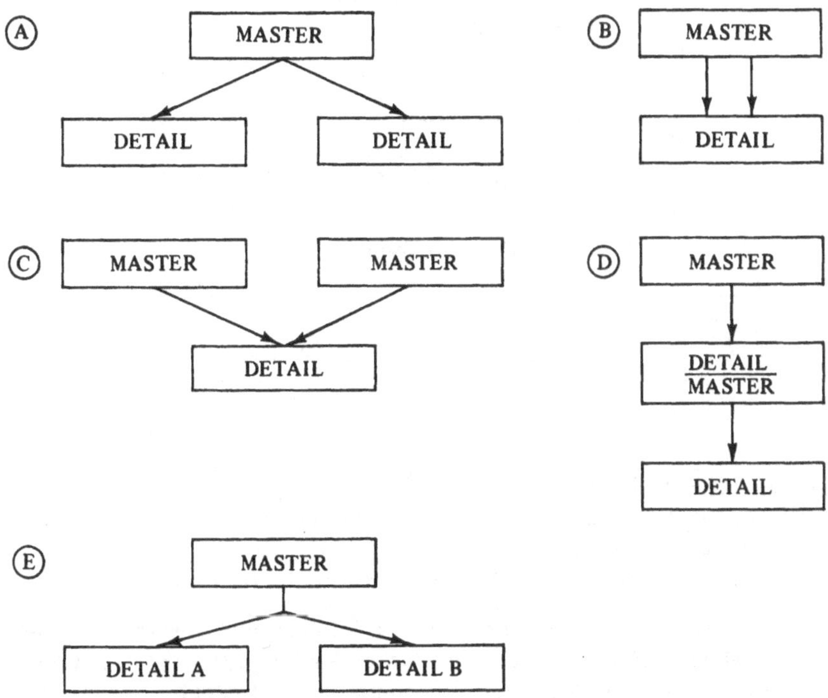

Abb. 4-7 Beispiele für IDS-Strukturen

Der Page Header besteht im einzelnen aus folgenden Feldern:

— Page-Nummer
  Identifizierende Nummer für die Page
— Must-write switch
  Zeigt an, ob die Page verändert wurde und auf den Randomspeicher zurückgeschrieben werden muß.
— Satz-Typ
  Gibt den Typ für den Page-Header an
— CALC CHAIN NEXT
  Enthält die Adresse des ersten random gespeicherten Satzes der logisch zu dieser Seite gehört (wird noch näher erläutert)

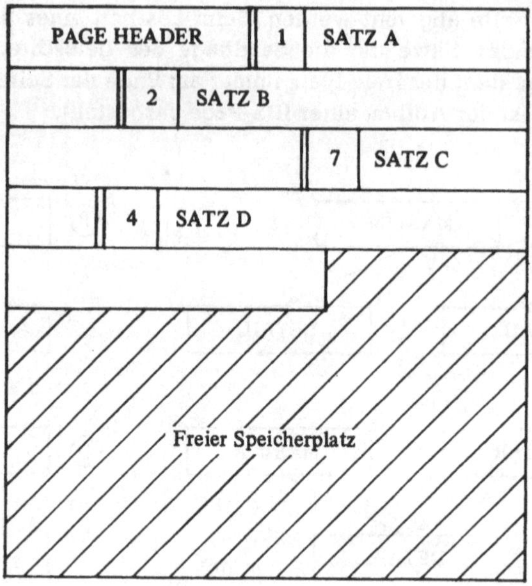

Abb. 4-8 Aufbau einer IDS-Page

— Freier Page-Raum
  Angabe des gesamten freien Platzes in der Seite
— Freie Line-Nummer
  Anzeiger, der freie Line-Nummern innerhalb der Page angibt.

Die IDS-Datensätze sind Sätze fester Längen und festen Aufbaues. Sie bestehen aus Identifizierungsfeldern, Kettenfeldern und Datenfeldern, wobei die Identifizierungsfelder und die Kettenfelder vom System verwaltet werden. In Abb. 4-9 ist der Aufbau eines IDS-Datensatzes dargestellt.

Identifizierungsfelder	Kettfelder	Datenfelder

Abb. 4-9 Aufbau eines IDS-Datensatzes

Der Identifizierungsteil enthält folgende Felder:

— Line-Nummer
  Zusammen mit der Seitennummer stellt die Line-Nummer die logische Adresse des Satzes dar. Diese logische Adresse wird bei der Verkettung des Satzes in den Kettenfeldern des vorhergehenden Satzes der Kette gespeichert. Sie dient also zum Auffinden des Satzes.

— Delete-Switch (Löschanzeiger)
  Wenn ein Satz logisch aber noch nicht physikalisch gelöscht ist, so wird das Delete-Switch gesetzt. Physikalisch wird ein Satz erst gelöscht, wenn der Satz in keiner Kette mehr enthalten ist.
— Satz-Typ
  Ein Wert von 1 bis 999 gibt an, um welchen Satz-Typ es sich handelt.
— Satz-Länge
  In diesem Feld ist die Gesamtlänge des Satzes gespeichert.

Aus der Datenbeschreibung geht hervor, ob die Sätze sequentiell oder random gespeichert werden. Bei der Randomspeicherung basiert der Speicherplatz des Satzes auf dem Inhalt eines Feldes, z. B. einer Kundennummer. Diese Nummer wird von einem Randomgenerator in eine Pagenummer umgerechnet. Der Satz wird auf dem nächsten freien Platz gespeichert. Falls in der Page, die vom Randomgenerator errechnet wurde, kein Platz mehr frei ist, so kann die Ablage auch in einer der nächsten Seiten erfolgen. Der Satz wird aber in jedem Fall in die CALC CHAIN der vom Randomgenerator ermittelten Seite eingekettet. Der Master dieser Kette ist der Page-Header. Von ihm weist eine Adresse zum ersten random gespeicherten Satz, von dort zum nächsten usw. Vom letzten Satz wird wieder auf den Page-Header verwiesen (Abb. 4-10)

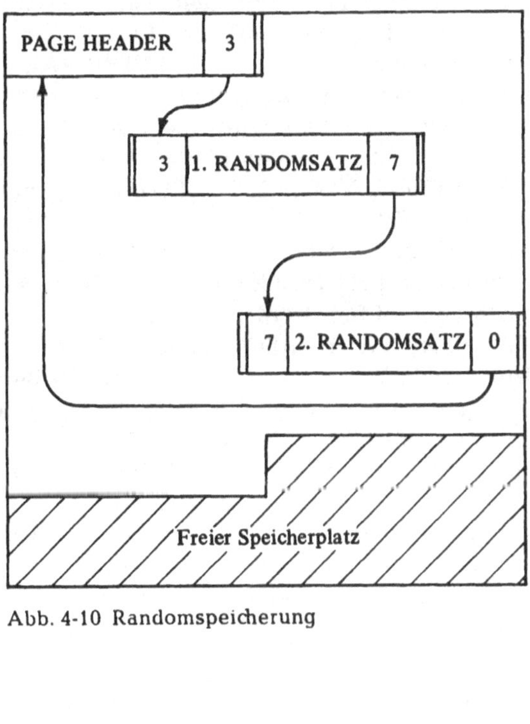

Abb. 4-10 Randomspeicherung

4.2.3. Datenbeschreibung

Für die Verarbeitung der Daten im System ist die genaue Beschreibung der Sätze, der Strukturen, der Pages und der IDS-Datei erforderlich. Diese Angaben stehen in einem besonderen Teil der DATA DIVISION, sie werden mit dem Parameter IDS SECTION eingeleitet. Der IDS-Translater verarbeitet die Eintragungen und erstellt daraus Systemtabellen, die bei der Verarbeitung von IDS-Sätzen ausgewertet werden.

Die erste Eintragung in der IDS SECTION ist die Dateibeschreibung. Sie besteht aus dem Stufenindikator MD, einem Dateinamen und Angaben über den Aufbau der Datei. Der Parameter PAGE gibt die Länge der Page in Zeichen an, der Parameter FILE die Länge der Datei in Pages (Abb. 4-11).

Unter der Stufennummer 01 sind mit dem Namen KUNDEN der Kundensatz und mit dem Namen AUFTR ein Auftragssatz definiert (Zeile 2). Die weiteren Angaben beschreiben den Satz und die Verarbeitungsmethode des Satzes für das System.

Durch den Parameter TYPE ist dem Satz ein Satztyp zugeordnet, der verwendet wird, um den Satz innerhalb von IDS zu identifizieren. Der Typ kann einen Wert von 001 bis 999 annehmen (Zeile 3).

Die Eintragung RETRIEVAL bestimmt das Verfahren, mit dem ein Satz gespeichert und wiederaufgefunden wird. RETRIEVAL VIA CALC CHAIN bedeutet, daß die Pagenummer des Satzes durch den Randomgenerator aus dem Inhalt eines bestimmten Feldes ermittelt wird. Der Zugriff zu diesem Satz erfolgt dann über den Page-Header und die Calc-Chain der entsprechenden Page (Zeile 4). RETRIEVAL VIA AUFKET CHAIN bedeutet, daß der Satz aufgrund seiner Zugehörigkeit zur Auftragskette gesucht wird. Der Satz wird über den Master dieser Kette beim Durchlaufen der Kette gefunden (Zeile 10). Eine weitere mögliche Eintragung ist RETRIEVAL VIA IDENT FIELD. Das System erwartet in diesem Fall im Feld IDENT die logische Adresse des Satzes und findet den Satz aufgrund der Adresse wieder. Bei der Einspeicherung wird die Adresse vom System im Feld DIREKT REFERENCE abgelegt und kann vom Benutzer selbst gespeichert werden.

Durch die Eintragung PAGE-RANGE ist es möglich, Sätze in einen bestimmten Teilbereich der IDS-Datei zu speichern. Im Beispiel (Zeile 5) können die Auftragssätze von Seite 8 bis Seite 2000 gespeichert werden.

Mit PLACE NEAR AUFKET CHAIN wird festgelegt, daß der Satz physikalisch in der Nähe der Auftragskette gespeichert werden soll. Für einen Satz ist natürlich nur die Angabe von einer Kette möglich, man wird daher die Kette auswählen, die am meisten durchlaufen wird. Die Angabe ist nur notwendig, wenn der Satz Detail in mehreren Ketten ist. IDS speichert bei nur einer Kette generell in die Nähe des Masters der Kette.

```
(1)  MD    KUNDEN-FILE.
           PAGE CONTAINS 1920 CHARACTERS
           FILE CONTAINS 2000 PAGES.
(2)  01    KUNDEN.
(3)        TYPE IS 340
(4)        RETRIEVAL VIA CALC CHAIN
(5)        PAGE RANGE IS 8 TO 2000.
(6)        02 KUNDNR        PICTURE 9(6)     VALUE ZERO.
           02 NAME          PICTURE X(30)    VALUE SPACES.
           02 ADRESSE.
              03 PLZ        PICTURE X(4)     VALUE SPACES.
              03 ORT        PICTURE X(50).
           02 BRANCHE       PICTURE X(10).
(7)        98 CALC CHAIN DETAIL.
(8)        RANDOMIZE ON KUNDNR.
(9)        98 AUFKET CHAIN MASTER.
              CHAIN ORDER IS SORTED.
     01    AUFTR.
           TYPE IS 370
(10)       RETRIEVAL VIA AUFKET CHAIN.
           PAGE RANGE IS 8 TO 2000.
(11)       PLACE NEAR AUFKET CHAIN.
           02 AUFNR         PICTURE 9(4)     VALUE ZERO.
           02 DATEIN        PICTURE 9(8).
           02 DATAUS        PICTURE 9(8).
           02 ARTNR         PICTURE 9(6).
           02 EILKZ         PICTURE 9(2).
           98 AUFKET CHAIN DETAIL.
(12)                        SELECT UNIQUE MASTER
(13)                        MATCH-KEY IS KUNDNR
(14)                        DESCENDING KEY IS AUFNR
(15)                        DUPLICATES NOT ALLOWED.
```

Abb. 4-11 Beispiel einer IDS-Dateibeschreibung

Unter Stufennummer 02 und weiteren niedrigeren Stufen sind die Felder der Sätze beschrieben (Zeile 6). Felder, die von IDS ausgewertet werden, dürfen nur unter Nummer 02 stehen. Innerhalb des Satzes werden ausschließlich die Datenfelder beschrieben. Mit der Eintragung VALUE können den Feldern bestimmte Werte zugewiesen werden. Einige andere Eintragungen, die in COBOL verwendet werden dürfen, sind in der IDS-Section nicht erlaubt, insbesondere ist die Indizierung der Felder nicht gestattet.

Für jede Kette, zu der ein Satz gehört, muß eine Kettendefinition existieren. Alle Kettendefinitionen stehen unmittelbar hinter der Satzbeschreibung unter Stufennummer 98 (Zeile 7). Die Eintragung besteht aus einem Kettennamen und einer Beschreibung der Eigenschaften der Kette. Der Begriff hinter dem Kettennamen gibt an, ob der Satz in der betreffenden Kette MASTER oder DETAIL ist.

Die Eintragung RANDOMIZE ON KUNDNR ist nur für eine Calc-Chain zulässig. Aus dem Feld KUNDNR (Kundennummer) wird vom Randomgenerator die LINE-Nummer des Satzes ermittelt (Zeile 8).

CHAIN ORDER IS SORTED bestimmt, daß die Kette nach einem vom Benutzer festzulegenden Feld im Detail sortiert wird. Weitere Möglichkeiten der Reihenfolge in einer Kette sind:

— SORTED WITHIN TYPE
  Die Details in der Kette sind nach Satztyp sortiert.
— FIRST
  Das Detail wird als erstes Detail nach dem Master einsortiert.
— LAST
  Das Detail wird als letztes Detail der Kette einsortiert.
— BEFORE
  Der Satz wird vor dem zuletzt bearbeiteten Satz dieser Kette gespeichert.
— AFTER
  Der Satz wird nach dem zuletzt bearbeiteten Satz dieser Kette gespeichert.

Die Eintragungen SELECT UNIQUE MASTER und MATCH-KEY IS KUNDNR beziehen sich auf das Auffinden des Masters (Zeile 12, 13). Der Master wird gefunden, indem die Werte des Feldes MATCH-KEY im Arbeitsspeicher und im Master auf Gleichheit geprüft werden.

In Zeile 9 war in der Kettendefinition des Masters definiert, daß die Auftragskette sortiert ist. Mit DESCENDING KEY IS AUFNR wird bei der Kettendefinition des Details nun die Auftragsnummer als Sortierfeld festgelegt (Zeile 14). Die Kette ist nach fallenden Nummern sortiert.

DUPLICATES NOT ALLOWED bestimmt, daß in der Auftragskette keine Duplikate zugelassen sind, d. h. jede Auftragsnummer darf nur einmal vorkommen (Zeile 15). Falls man Duplikate zulassen will, muß man angeben, ob der neue Satz vor oder nach dem bereits gespeicherten Satz eingekettet wird. Die entsprechenden Eintragungen sind DUPLICATES ARE FIRST oder DUPLICATES ARE LAST. Diese Eintragungen sind natürlich nur bei sortierten Ketten sinnvoll.

Mit dem Beispiel in Abb. 4-11 sind die wichtigsten Satz- und Kettendefinitionen erläutert. Im System IDS gibt es noch einige weitere spezielle Möglichkeiten, die in dem IDS-COBOL Handbuch ausführlich beschrieben sind.

4.3. Funktionen des Systems

Die Funktionen Datenbankabfrage, Datenbankänderung und Aufbau der Datenbank sind bei IDS nicht grundsätzlich unterschieden. Zu ihrer Realisierung dienen IDS Procedural Statements (IDS Befehle), die in der PROCEDURE DIVISION des IDS/COBOL Programmes stehen und das Auffinden und die Speicherung von Daten bewirken.

4.3.1. Anfragen an die Datenbank

Der Befehl zum Wiederauffinden eines Satzes in der Datenbank und zum Transport der Page, in der der Satz enthalten ist, in einen Page-Puffer lautet RETRIEVE. Abhängig von der Satz- und Kettenbeschreibung eines Satzes gibt es sieben verschiedene Varianten des RETRIEVE. Im folgenden wird zunächst jeweils das IDS-Statement dargestellt und dann kurz seine Funktion erläutert.

RETRIEVE Satzname RECORD

Der Satzname muß in der IDS SECTION durch eine Eintragung der Stufe 01 definiert worden sein. Abhängig von der RETRIEVAL-Eintragung in der IDS Section muß der Benutzer Felder im Arbeitsspeicher besetzen. Wenn RETRIEVAL VIA Feldname FIELD definiert wurde, dann erwartet das System in dem Feld den Reference-Code des Satzes. Bei RETRIEVAL VIA CALC CHAIN wird das mit RANDOMIZED definierte Feld benutzt. Wenn RETRIEVAL VIA Kettenname CHAIN festgelegt wurde, so dient das Feld MATCH-KEY und das angegebene Sortierfeld zum Auffinden des Satzes.

RETRIEVE CURRENT Satzname RECORD

Der letzte verarbeitete Satz des angegebenen Satztyps wird geholt. Wenn noch kein Satz verarbeitet wurde, oder der letzte Satz gelöscht wurde, erfolgt eine Fehlermeldung.

RETRIEVE DIRECT

Durch diesen Befehl wird der Satz geholt, dessen Reference-Code im Feld DIRECT REFERENCE steht. Es ist Aufgabe des Benutzers, das Feld aufzubereiten.

$$\text{RETRIEVE} \left\{ \begin{array}{l} \text{NEXT} \\ \text{PRIOR} \\ \text{MASTER} \end{array} \right\} \text{RECORD OF Kettenname CHAIN}$$

Der gesuchte Satz ist abhängig von dem zuletzt bearbeiteten Satz der angegebenen Kette. Bei NEXT wird der nächste Satz der Kette, bei PRIOR der vorangehende Satz der Kette, bei MASTER der Master geholt.

RETRIEVE EACH AT END GO TO Prozedurname

Beginnend mit dem Satz, dessen Reference-Code im Feld FIRST-REFERENCE steht, bis zu dem Satz, dessen Reference-Code im Feld LAST-REFERENCE steht, werden alle Sätze gelesen. Anschließend wird zu der angegebenen Prozedur verzweigt. Der Benutzer muß die Felder FIRST-REFERENCE und LAST-REFERENCE aufbereiten.

Der Befehl RETRIEVE bewirkt nur, daß die Page des gesuchten Satzes in den Page-Puffer transportiert wird. Um den Satz im COBOL-Programm zu verarbeiten, ist es notwendig, ihn in die WORKING-STORAGE SECTION zu bringen. Das geschieht mit dem Befehl

MOVE TO WORKING-STORAGE

Es wird der zuletzt bearbeitete Satz transportiert. Die weitere Verarbeitung der Felder, insbesondere auch die Ausgabe der Daten erfolgt dann mit COBOL-Befehlen.

In einem Beispiel soll gezeigt werden, welche IDS-Befehle zum Transport eines Kundensatzes in den Kernspeicher erforderlich sind (Abb. 4-12).

Vor den IDS-Befehlen steht jeweils ENTER IDS, anschließend ist eine Fehlerabfrage erforderlich. Nach dem Punkt hinter der Fehlerabfrage erfolgt automatisch wieder ein Sprung in das COBOL-Programm.

4.3.2. Datenbankänderung

Die IDS-Befehle für die Änderung der Datenbank sind MODIFY, STORE und DELETE. Sie werden im folgenden nacheinander beschrieben.

MODIFY Datenname

Mit MODIFY wird der Inhalt eines Feldes des zuletzt bearbeiteten Satzes durch einen Wert aus dem Arbeitsspeicher ersetzt, der Satz bleibt also an seinem alten Platz stehen. Ist das Feld ein Sortierfeld einer Kette, so wird der Satz entsprechend dem Wert des Feldes neu eingekettet. Wenn das zu ändernde Feld ein MATCH-KEY ist, so bedeutet das, daß sich der Master dieses Satzes geändert hat. Der neue Master muß also gesucht werden und der Satz in die Kette dieses Masters einsortiert werden. Das Änderungsfeld muß auf den Stufen 02, 96 oder 98 der IDS SECTION definiert sein.

```
PROCEDURE DIVISION.
          .
          .
          .
MOVE EKUNDNR TO KUNDNR.
ENTER IDS
          RETRIEVE KUNDEN RECORD
          IF ERROR GO TO FEHL 1.
ENTER IDS
          MOVE TO WORKING-STORAGE
          IF ERROR GO TO FEHL 2.
          .
          .
          .
MOVE NAME TO ANAME.
          .
          .
          .
PERFORM DRUCK.
```

Abb. 4-12 Beispiel eines IDS-COBOL Programmes

Während MODIFY nur die Felder eines Satzes ändert, der Satz aber erhalten bleibt, so ändern STORE und DELETE die Datenbank.

STORE Satzname RECORD

Der Befehl STORE dient zur Speicherung eines Satzes in die Datenbank. Dabei erfolgen automatisch alle Verkettungen des Satzes, die in der IDS SECTION definiert sind.

Vor der Speicherung hat der Benutzer alle Steuerfelder, die zur Kennzeichnung des Satzes dienen, aufzubereiten. Wenn beim Speichern Duplikate auftreten und diese Duplikate nicht zulässig sind, oder wenn der Master einer Kette nicht vorhanden ist, wird eine Fehlermeldung gegeben und alle Verkettungen werden wieder in ihren früheren Zustand versetzt. Nach erfolgreicher Speicherung steht im Feld DIRECT-REFERENCE der Reference-Code des Satzes. Er kann vom Benutzer gespeichert werden.

DELETE [ON Satzname DETAIL]

Der zuletzt bearbeitete Satz und alle von ihm abhängigen Details werden gelöscht. Nach der Ausführung des Befehls ist dieser Satz nicht mehr verfügbar. Der Satz wird beim Löschen nicht in den Arbeitsspeicher transportiert; falls man ihn noch verarbeiten will — z. B. auf einem Magnetband archivieren — so ist er vor dem Löschbefehl in den Arbeitsspeicher zu transportieren.

Nicht in allen Fällen ist es erwünscht, daß ein Satz gelöscht wird, wenn noch bestimmte Details vorhanden sind. Ein Kundensatz sollte z. B. nicht gelöscht werden, wenn noch Aufträge von diesem Kunden vorliegen. Mit dem Statement ON Satzname DETAIL wird das Detail angegeben, bei dem der Löschvorgang abgebrochen werden soll. Im Programm werden zunächst die folgenden Befehle ausgeführt und mit einem Sprungbefehl kann man den Löschvorgang ganz unterbrechen.

4.3.3. Datenbankaufbau

Für den Aufbau der Datenbank sind im System IDS zwei Schritte erforderlich:

— Initialisierung der Datenbank
— Speicherung der Daten.

Die Initialisierung der Datenbank erfolgt vor dem Speichern von Daten durch den PAGE-HEADER DISC INITIALIZER (PAGE HEADER WRITER). Sie ist nur einmal vor dem erstmaligen Laden von Daten erforderlich. Für jede Page der IDS-Datei wird ein Page-Header erstellt. Die Pages werden durch die Page-Nummern identifiziert, die von PAGE HEADER WRITER ermittelt und im Page-Header eingetragen werden. Nur wenn die Länge der Page geändert werden soll oder die Länge der Datenbank nicht mehr ausreicht, muß eine neue Datenbank erstellt werden. Die Daten der alten Datenbank sind dann in der neuen Datenbank erneut zu speichern und zu verketten.

Die Speicherung der Daten erfolgt mit Hilfe eines IDS-COBOL-Programmes durch den Benutzer, dabei wird zur Speicherung jeweils der Befehl STORE eingesetzt. Die Daten können von Kartenleser, Magnetbändern oder jedem anderen Eingabemedium kommen.

4.3.4. Weitere Funktionen

Wiederherstellung der Datei (Recovery)

IDS-Pages, die geändert werden sollen, werden vom System vorher auf ein Magnetband geschrieben. Das Band wird auch Journalband genannt. Nach der Bearbeitung der Page kann sie ebenfalls auf dem Journal gespeichert werden. Die IDS-Datei kann mit Hilfe dieser Daten wieder in eine Ausgangsstellung gebracht werden. Zwei Wege sind möglich:

— Zurücksetzen der Datei, indem man BEFORE-Page-Bilder benutzt
— Wiederherstellung der Datei mit Hilfe von AFTER-Page-Bildern.

4.4. Konfiguration und Betriebssystem

IDS Programme laufen auf den Rechnerfamilen GE 600, GE 400 und GE 200. Als Basissprache ist jeweils Assembler und COBOL, bei GE 600 auch FORTRAN möglich. Das IDS-System benötigt wenigstens einen Speicher mit direktem Zugriff. Die Datenbank kann aber auch auf verschiedenen Randomspeichern liegen. Es können alle Speicher eingesetzt werden, die vom jeweiligen Betriebssystem unterstützt werden. Für die GE 600 ist es das Comprehensive Operating System (GECOS III). Als Eingabemedien sind ebenfalls alle zulässig, die vom Betriebssystem unterstützt werden.

5. GIS

5.1. Einführung in das System

5.1.1. Name des Systems

GIS ist eine Kurzform von Generalized Information System.

5.1.2. Hersteller

GIS wurde von der Firma IBM entwickelt. Es ist in zwei Versionen verfügbar:

— GIS Basic als Batch Version seit Mitte 1969,
— GIS als On-Line Version seit Ende 1969.

Die Funktionen beider Systeme sind gleich.

5.1.3. Kurzbeschreibung

Das System GIS besteht aus einem Sprachübersetzer und einem Dateiprozessor, der den Verkehr zwischen Datenbank und GIS Programmen abwickelt. Die GIS Sprache, mit der man die Anforderungen an die Datenbank formuliert, ist speziell für diesen Zweck entwickelt worden. Sie ist selbständig und basiert nicht auf einer anderen höheren Programmiersprache. Ein solches System, das sowohl über eine eigene Sprache als auch über ein Datenbankverwaltungssystem verfügt, bezeichnet man auch als Exekutivsystem. Die Programme in GIS Syntax werden vom Sprachübersetzer übersetzt und laufen jeweils zusammen mit dem Dateiprozessor.

Mit Hilfe von GIS ist es möglich, eine Datenbank aufzubauen, Anfragen an die Datenbank zu stellen und die Datenbank zu ändern. Diese Funktionen werden im GIS Programm streng getrennt und jeweils durch ein Schlüsselwort eingeleitet. Der Anfragebereich eines Programmes beginnt mit dem Schlüsselwort QUERY. In diesem Bereich sind keine Anweisungen erlaubt, die sich dateiändernd auswirken. Neben dem Transport der Sätze sind aber logische und arithmetische Operationen zur Aufbereitung der Ausgabeinformation möglich. Die weiteren Funktionen des GIS Systems werden durch folgende Schlüsselwörter eingeleitet: CREATE für den Datenbankaufbau, MODIFY für das Ändern von Datenfelder und UPDATE für das Hinzufügen oder Löschen von Sätzen.

Alle Daten und Angaben, die den Aufbau und die Struktur der Datenbestände beschreiben, werden ständig vom System geführt und sind in Form von Datenbeschreibungstafeln (Date Description Tables oder DDT) gespeichert. Bei der Übersetzung von GIS Programmen wird jeweils auf die entsprechende DDT zurückgegriffen. Eine GIS Datei ist also für das System nur vorhanden, wenn die DDT angelegt wurde. Anweisungen zur Pflege, zum Aufbau und zum Ausdrucken der DDT's sind in GIS enthalten.

Innerhalb einer GIS Datenbank können drei verschiedene Arten von Dateien aufgebaut werden:

— Haupttyp ist die hierarchisch gegliederte Datei, die permanent der Datenbank angehört. In mehreren hierarchischen Stufen kann ein Satz aus einer variablen Anzahl von Segmenten bestehen. Für jede Datei in der Datenbank besteht ständig eine DDT.

— HOLD-Dateien sind Arbeitsdateien, die vom System bei Bedarf für einen GIS-Lauf angelegt werden. Sie dienen zur Weitergabe von Zwischenergebnissen von einem GIS Programm zum nachfolgenden. Man kann diese Dateien abfragen, vor allem ist aber auch eine Sortierung der Sätze möglich.

— MULREC-Dateien sind reine Eingabedateien. Sie sind nicht in die Datenbank integriert und in Abfrageprogrammen nicht erlaubt.

Als Besonderheit des GIS Systems ist zu erwähnen, daß ausschließlich die Zugriffsmethoden des OS/360 verwendet werden. Es ist dadurch möglich, GIS Dateien auch mit eigenen Programmen auszuwerten oder zu erstellen. Beim Aufbau der Datei, besonders wenn sie strukturierte Sätze enthält, sind allerdings einige Konventionen des GIS Systems zu beachten.

5.1.4. Dokumentation

Eine Einführung in das System GIS wird in folgenden Schriften gegeben:

Lutz, Theo
GIS, Ein Exekutivsystem für Datenbankprobleme, Sonderdruck aus IBM-Nachrichten Nr. 195, 196 1969

System/360 Generalized Information System
Application Description Manual
H20-0574-0

5.2. Datenorganisation

Eine GIS Datenbank kann aus einer oder mehreren ständigen Dateien bestehen. Daneben werden noch temporäre Dateien zur Informationsweitergabe (HOLD Datei) und zur Eingabe (MULREC Datei) angelegt. Die temporären Dateien unterscheiden sich nur in wenigen Punkten hinsichtlich der Definition und Behandlung innerhalb des GIS Systems von den eigentlichen Systemdateien. Zur Vereinfachung werden deshalb im folgenden nur die Systemdateien näher beschrieben.

5.2.1. Datenstruktur

Im System GIS ist ein Satz eine Zusammenfassung von logisch zusammengehörenden Informationen. Er kann aus einem oder mehreren Segmenten bestehen, die wieder in Felder unterteilt sind. Ein Feld ist die kleinste logische Einheit einer Datenbank. Es wird identifiziert durch einen oder mehrere Namen, die innerhalb eines Segments eindeutig sein müssen. Sind Felder mit gleichem Name in anderen Segmenten oder Dateien vorhanden, so dient der Segment- bzw. Dateiname in Zusammenhang mit dem Feldnamen als Identifikation.

Die Daten können in einem Feld in den verschiedenen Formen gespeichert sein:

— Dezimal gepackt (Packed decimal)
  für numerische Daten
— Rechtsbündig (Right-justified)
  für numerische Daten
— Linksbündig (Left-justified)
  für alphanumerische Daten
— Binär (Binary)
  für numerische oder logische Daten
— Gleitpunkt (Floating point)
  für numerische Daten

Mehrere logisch zusammengehörende Felder sind in einem Segment zusammengefaßt. Das Segment bildet sowohl eine logische als auch eine physische Einheit, es entspricht dem Satz in der klassischen Datenverarbeitung. In einer Datei können bis zu 255 Segmente definiert sein, wobei jedes Segment durch einen Namen identifiziert wird. Der Name muß innerhalb der Datei eindeutig sein, Synonyme sind nicht erlaubt.

Die Segmente eines Satzes sind hierarchisch strukturiert, d. h. einem Master-Segment folgen mehrere Subordinate-Segmente (Abb. 5-1). Jedem Segment ist eine Stufe zugeordnet, ausgehend vom Master-Segment mit Stufe 0 bis maximal zu einem Segment mit der Stufe 15. Mehrere verschiedene Segmenttypen auf einer Stufe sind nur auf der letzten Stufe erlaubt.

In einer GIS Datei muß in jedem Segment die Anzahl der nachfolgenden untergeordneten Segmente gespeichert sein. Falls die letzte Stufe Segmente verschiedenen Typs enthält, so ist im übergeordneten Segment für jeden Typ die Anzahl zu speichern. Die Felder für diese

Zähler werden vom System verwaltet, sind jedoch vom Benutzer zu definieren.

Bis zu sieben Felder eines Segmentes können als Schlüssel angegeben werden, nach diesem Schlüssel sind die Segmente innerhalb des Satzes und die Sätze innerhalb der Datei sortiert. Man kann ebenfalls noch angeben, ob aufsteigend oder absteigend sortiert werden soll.

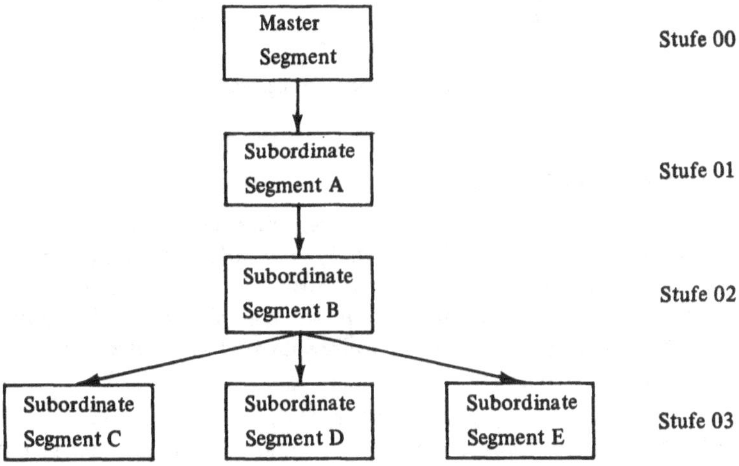

Abb. 5-1 Aufbau eines GIS-Satzes

5.2.2. Speicherungsform

Das System GIS bedient sich bei der Speicherung von Daten der Zugriffsmethoden des OS/360. Nähere Einzelheiten sind daher der entsprechenden Systemliteratur zu entnehmen. Die GIS Datensätze können sequentiell gespeichert sein. Als Speichermedium ist dann auch z. B. ein Magnetband geeignet. Für das Betriebssystem ist ein Datenbanksatz ein Satz variabler Länge.

Innerhalb des Satzes liegen die Segmente nach Stufen und Schlüsselnummern geordnet hintereinander. Abb. 5-2 zeigt das Beispiel eines GIS Satzes mit einem Kundensegment als Master und Auftragssegmenten als Subordinates.

Um einen Satz zu finden muß die Datei sequentiell durchsucht werden. Bei großen Dateien ist diese Methode natürlich sehr zeitaufwendig, es ist deshalb die andere Möglichkeit der Speicherung, das index-sequentielle Verfahren vorzuziehen. Die Indextafeln werden dabei automatisch vom Betriebssystem generiert.

Kundensegment (1)	Stufe 0
Auftragssegment	Stufe 1
Auftragssegment	Stufe 1
Auftragssegment	Stufe 1
Kundensegment (2)	Stufe 0
Auftragssegment	Stufe 1

Abb. 5-2 Speicherung eines GIS-Satzes

5.2.3. Datenbeschreibung

Dateien existieren für GIS nur, wenn eine DDT (Data Description Table) angelegt wurde. In dieser DDT sind alle Angaben für Felder, Segmente und Sätze einer Datei enthalten. Der Aufbau einer Datenbeschreibungstafel wird im folgenden am Beispiel einer Kundendatei, die aus Kundensegmenten und untergeordneten Auftragssegmenten besteht, erläutert (Abb. 5-3).

Die Datenbeschreibungstafel wird mit dem Begriff DDT eingeleitet (Zeile 1). Anschließend folgt die Beschreibung des Dateinamens (Zeile 2) und die Angabe von Synonymen für den Dateinamen (Zeile 3). Weitere Angaben, die sich auf die gesamte Datei beziehen, sind nach der Definition des Namens einzufügen, insbesondere können hier Steuerinformationen für die Protokollierung im Logbuch eingetragen werden.

Die Felder eines Segmentes werden in der Reihenfolge ihrer Speicherung beschrieben. Jedem Feld ist ein Name und die Feldlänge zugeordnet. Der Feldname dient auch als Überschrift bei der Ausgabe des Feldes, falls nicht durch das Statement HEADER eine besondere Überschrift definiert ist (Zeile 4). UNITS bestimmt die Ablageform der Daten, im Beispiel ist die Ablage in gepackter Form angegeben. (Zeile 5). Weitere Ablageformen wären binär, Festpunktzahl oder Gleitpunktzahl. Will man ein Feld noch weiter unterteilen, so sind nach der Eintragung RDFN die Namen und die Längen der Teilfelder anzugeben (Zeile 6). Für ein Feld können außerdem noch Druckmasken oder Prüfbedingungen eingetragen werden.

Sind alle Felder eines Segementes beschrieben, so schließt sich an den Begriff SEGM die Beschreibung des Segmentes an (Zeile 8). Neben dem Namen müsssen die Stufennummer, der Typ und das Sortierfeld, nach dem die Segmente innerhalb der Datei sortiert sind, angegeben werden. Das erste Segment in der Struktur erhält den Typ RECORD, im Beispiel also das Kundensegment, während das Auftragssegment den Typ TRAILR enthält (Zeile 8, 10). Im Kundensegment muß ein Zähler für die nachfolgenden Auftragssegmente angelegt werden. Mit der Eintragung OPTFNM in der Segmentbeschreibung des Auftragssegmentes ist dieses Feld für das System als Zählfeld deklariert, und damit der Zusammenhang zwischen den Segmenten hergestellt.

Nach der Segmenteintragung für das Kundensegment folgen Angaben über das Data-Management, die hier nicht näher erläutert werden sollen (Zeile 9).

```
(1)  DDT
     *DATEIBESCHREIBUNG KUNDENDATEI;

(2)  FILE : NAME = KUNDEN;
(3)  SYNM : NAME = KUNDENDATEI;
(4)  FLD : NAME = KUNDNR, LENGTH = 6, HEADER = KUNDENNUMMER;
(5)  FLD : NAME = NAME, UNITS = EBCD, LENGTH = 30;
     FLD : NAME = ADRESSE, LENGTH = 54;
(6)  RDFN : PLZ, 4, ORT, 50;
(7)  FLD : NAME = BRANCHE, LENGTH = 10;
     FLD : NAME = AUFZ, UNITS = BINA, LENGTH = 4;
(8)  SEGM : NAME = KUNDSEGM, LEVEL = 00, TYPE = RECORD,
     ЖSORT = KUNDNR, A,
(9)  DATM · DSORG = IS, . . .
     FLD : NAME = AUFNR, LENGTH = 4;
     FLD : NAME = DATEIN, LENGTH = 8;
     FLD : NAME = DATAUS, LENGTH = 8;
     FLD : NAME = ARTNR, LENGTH = 6;
     FLD : NAME = EILKZ, LENGTH = 2;
(10) SEGM NAME = AUFSEGM, LEVEL = 01, TYPE = TRAILR, OPTION = CNT,
     ЖOPFNM = AUFZ, SORT = AUFNR, A;
     END PROCEDURE;
```

Abb. 5-3 Datenbeschreibung einer Kundendatei

5.3. Funktionen des Systems

Man kann GIS Programme zur Dateianfrage, zur Feldänderung, zum Verändern von Daten und zum Aufbau einer Datei erstellen. Jedes Programm wird durch ein Schlüsselwort eröffnet und enthält nur Befehle, die sich auf die jeweilige Funktion beziehen. Es ist also z. B. nicht möglich, in einem Anfrageprogramm Felder zu ändern.

5.3.1. Anfragen an die Datenbank

Eine Anfrage an die Datenbank wird immer mit dem Schlüsselwort QUERY eingeleitet. Darauf folgen die Namen von maximal 16 Dateien, die im Anfrageprogramm angesprochen werden und deren Datenbeschreibungstabellen aktiviert werden. Am Ende der Anfrage steht jeweils END PROCEDURE; eine Anfrage hat daher allgemein folgende Form:

```
QUERY Dateiname 1, Dateiname 2, . . .
Anfragebefehle
END PROCEDURE
```

Mit dem Statement LOCATE werden die angegebenen Segmente einer Datei verfügbar gemacht.

```
LOCATE Segmentname
```

Mit dem Statement WHEN und anschließenden Bedingungen kann die Auswahl der Segmente eingeschränkt werden.

```
WHEN Operand 1 Bezugsoperator Operand 2
```

Operand 1 kann jedes Feld der Datenbank oder ein Arbeitsfeld sein. Operand 2 kann ein Feldname, eine Konstante, ein arithmetischer Ausdruck oder ein Arbeitsbereich sein.

Im GIS System stehen dem Benutzer 99 Felder für numerische Daten und 99 Felder für alphanumerische Daten als Arbeitsbereiche zur Verfügung. Sie haben die Namen VARIABLE n bzw. LITERAL n, wobei n Zahlen zwischen 1 und 99 sind. Ein Feld LITERAL n enthält bis zu 30 Bytes. Die im Programm benötigten Arbeitsfelder müssen zu Beginn des Programmes definiert werden, d. h. es wird ihnen ein bestimmter Wert zugewiesen.

```
DEFINE;
VARIABLE 7 = 99;
END DEFINE;
```

Als Bezugsoperatoren können aus anderen Höheren Programmsprachen bekannte Operatoren verwendet werden. Beispiele sind EQ (gleich), NE (ungleich), LT (kleiner), GT (größer).

NAME EQ ANTON

Außerdem gibt es noch den Testoperator SN, der prüft, ob der erste Operand im zweiten enthalten ist. Man kann mit diesem Operator ebenfalls prüfen, ob der erste Operand mit dem ersten Zeichen, dem letzten oder durch Angabe einer Maske mit einem bestimmten Zeichen des zweiten Operanden übereinstimmt. Im Beispiel wird geprüft, ob der Name mit einem D beginnt.

NAME SN 'D:'

Weitere Operatoren testen, ob ein Feld leer ist oder durch ein Änderungsprogramm verändert wurde.

Ist ein bestimmter Satz lokalisiert, so will man auch Informationen ausgeben. Dazu verwendet man die Anweisung LIST. Mit der Form LIST RECORD kann der gesamte Inhalt eines Satzes ausgegeben werden. Die Form zur Ausgabe von Feldern ist:

LIST Element 1, Element 2, Element 3, . . .

Die Elemente können Feldnamen, Konstanten oder Arbeitsbereiche sein.

Ein kurzes Beispiel soll den Einsatz der bisher beschriebenen Statements verdeutlichen. Das Kundensegment mit der Kundennummer 1537 wird lokalisiert; wenn es gefunden ist, werden Kundennummer, Name und Adresse ausgegeben. Wichtig ist noch das Statement EXHAUST, mit dem nach Ausführung der LIST-Anweisung zu LOCATE zurückverzweigt wird.

```
QUERY KUNDEN;

LOCATE KUNDENSEGM;

WHEN KUNDNR EQ 1537;

LIST KUNDNR, NAME, ADRESSE;

EXHAUST KUNDSEGM;

END PROCEDURE;
```

Abb. 5-4 Beispiel einer GIS-Anfrage

Oft ist nicht nur die Ausgabe von bestimmten Feldern, sondern auch die Summierung von Daten oder die Zählung bestimmter Ereignisse gewünscht. Auch für diese Fälle gibt es im System GIS Anweisungen.

Mit dem Statement AVERAGE kann man den Durchschnittswert eines Feldes innerhalb der Datei ermitteln. TOTAL errechnet die Gesamtsumme für ein Feld, SUBTOTAL errechnet Zwischensummen in Abhängigkeit vom Gruppenwechsel eines anderen Feldes. Ein Beispiel wäre die Berechnung der Auftragssummen je Kunde. Die Anweisungen organisieren selbst das Durchsuchen der Datenbank, es ist also nicht erforderlich, vorher LOCATE ablaufen zu lassen. Die ermittelten Summen werden ebenfalls automatisch ausgedruckt.

Als besondere Anweisung ist noch HOLD zu erwähnen. Mit diesem Statement kann man eine HOLD-Datei anlegen, wobei vom GIS System eine temporäre DDT erstellt wird. Damit lassen sich innerhalb einer GIS Prozedur Daten aus einer Subprozedur in nachfolgende übertragen. Es ist außerdem mit dem Statement SORT möglich, diese Datei vor der weiteren Bearbeitung zu sortieren.

5.3.2. Datenbankänderung

Ein Programm zur Änderung der Datenbank kann im System GIS mit Hilfe zweier Schlüsselwörter eingeleitet werden:

— MODIFY bei Feldänderungen
— UPDATE bei Hinzufügen oder Löschen von Segmenten

Während in einer Anfrage an die Datenbank nur Sätze gelesen werden, schreibt MODIFY diese Sätze zurück. Es verändert nur die Feldinhalte, fügt jedoch keine Segmente hinzu und löscht keine Segmente. Die allgemeine Form für MODIFY ist:

MODIFY Dateiname1, Dateiname 2, . . .
FROM Dateiname 3, Dateiname 4, . . .

Es werden also zunächst die Namen der Dateien, die geändert werden sollen, angegeben. Nach dem Wort FROM folgen die Dateien, mit deren Daten die Änderungen vorgenommen werden. Die Angabe von Quellendateien ist nicht notwendig, wenn die Änderung z. B. aus einem Arbeitsbereich erfolgt.

Innerhalb des Programmes können die vom QUERY Programm bekannten Statements verwendet werden. Zusätzlich gibt es allerdings spezielle Befehle, die einen Feldinhalt modifizieren.

INCREASE Operand 1 BY Operand 2

INCREASE führt eine Addition der Operanden durch. Der Operand 1 kann ein Feld oder Arbeitsbereich, Operand 2 ein Feld, Arbeitsbereich oder arithmetischer Ausdruck sein. Weitere Statements mit der gleichen Form des Operanden sind DECREASE für die Subtraktion, MULTIPLY für die Multiplikation und DIVIDE für die Division. Das Statement

CHANGE Operand 1 TO Operand 2

realisiert die Ersetzung eines Feldes durch ein anderes Feld. Es dient also auch zur Änderung von alphanumerischen Daten. Als besonderer

Befehl ist ERASE zu erwähnen, mit dem man ein Feld logisch löschen kann. Mittels des Statements ABSENT können Felder daraufhin untersucht werden, ob sie logisch gelöscht wurden.

In einem Programm, das durch UPDATE eingeleitet wird, ist das Hinzufügen und Löschen von Segmenten möglich. Im Gegensatz zu MODIFY darf die Änderung nur für eine Datei durchgeführt werden.

UPDATE Dateiname 1 FROM Dateiname 2

Die Datei 2 wird sequentiell abgearbeitet und die Änderungen in Datei 1 vorgenommen. Der Befehl LOCATE ist dazu nicht erforderlich und nicht erlaubt. Mit dem Statement STRUCTURE erfolgt die Zuordnung der zu bearbeiteten Segmente.

STRUCTURE Segmentname 1 FROM Segmentname 2

Das Statement EQUATE führt dann die Zuordnung der Felder innerhalb der Segmente durch. Felder mit gleichem Namen in den verschiedenen Segmenten brauchen nicht aufgeführt zu werden, bei ihnen erfolgt die Zuordnung durch das System.

Für das Speichern und das Löschen von Sätzen gibt es jeweils mehrere Befehle, die sich durch die Behandlung des Fehlerfalles unterscheiden. Falls das Segment noch nicht gespeichert ist, wird durch INSERT, STORE und APPEND ein neues Segment eingefügt. Wenn das Segment vorhanden ist, erfolgt nach INSERT eine Fehlereintragung ins Logbuch, nach STORE keine Reaktion und nach APPEND die Einfügung eines zusätzlichen Segmentes. Die weiteren Befehle für die Änderung von Segmenten sind DELETE und REMOVE für das Löschen und REPLACE und INCLUDE für das Ersetzen von Segmenten.

5.3.3. Datenbankaufbau

Vor dem Aufbau einer GIS Datei müssen die Datenbeschreibungstafeln (DDT) dieser Datei übersetzt und die darin enthaltenen Informationen für das System verfügbar gemacht sein. Das Programm zum Aufbau der Datei wird mit dem Schlüsselwort CREATE eingeleitet.

CREATE Datei 1 FROM Datei 2

Datei 1 ist die aufzubauende Datei, Datei 2 ist in der Regel eine Eingabedatei (MULREC-Datei). Der Ablauf des Programmes CREATE entspricht im wesentlichen dem Ablauf von UPDATE. Alle dort beschriebenen Befehle können auch in CREATE eingesetzt werden. Die Datei 2 wird sequentiell gelesen und Datei 1 aus diesen Daten aufgebaut.

5.3.4. Weitere Funktionen

Datensicherung

Die Datensicherung einer GIS Datei erfolgt durch Definition von Sicherheitsschlüsseln bei der Datenbeschreibung und durch Angabe von Codes durch den Benutzer der Datenbank. Sicherheitsschlüssel können auf Dateiebene und auf Feldebene angegeben werden. Bei Anfragen an die Datenbank werden diese Schlüssel mit den Werten einer Sicherheitstabelle verglichen. In der Tabelle sind für den Benutzer, der sich durch einen Benutzercode ausweisen muß, die zulässigen Zugriffscodes eingetragen. Die Neuerstellung dieser Tabelle ist nur bei Kenntnis eines MASTER-ACCESS-Codes möglich, eine Änderung ist nicht vorgesehen.

Logbuch

Ereignisse, die beim Verkehr mit der Datenbank auftreten, können in einem Logbuch protokolliert werden. Insbesondere erfolgt ein Ausdruck beim Auftreten von Fehlern, z. B. Segment fehlt. Durch Eintragung eines Berichtsniveaus kann der Benutzer angeben, ob er bei einer bestimmten Bedingung eine Eintragung im Logbuch wünscht oder nicht.

GIS Bibliothek

GIS Programme können sowohl in Quellenform als auch als durchführbarer Modul in einer Bibliothek gespeichert werden. Dazu dienen die Befehle SAVE oder SAVEX. Man kann die Programme mit dem Befehl CALL und ihrem Namen wieder aufrufen.

CALL PERSANF3

5.4. Konfiguration und Betriebssystem

GIS BASIC erfordert mindestens ein Modell 360/40 mit 128 K Bytes. Es kann unter dem Betriebssystem OS-PCP laufen und benötigt etwa 90 K Bytes im Kernspeicher. Ein Speichermedium mit direktem Zugriff ist nur bei index-sequentieller Speicherung notwendig.

GIS erfordert mindestens ein Modell 360/50 mit 512 K Bytes Kernspeicher. Als Betriebssystem ist OS-MVT vorzusehen. Mit dieser Version ist dann auch On-Line Verarbeitung möglich. Dazu sind Terminals und die entsprechenden Zugriffsroutinen einzusetzen.

6. IMS

6.1. Einführung in das System

6.1.1. Name des Systems

IMS ist eine Kurzform von Information Management System.

6.1.2. Hersteller

IMS wurde von Scientific Development Center der Firma IBM entwickelt. Es steht seit Mitte 1969 zur Verfügung.

6.1.3. Kurzbeschreibung

Das System IMS soll es dem Benutzer ermöglichen, komplexe Datenbestände möglichst einfach zu handhaben. Das Hilfsmittel dazu ist die Data Language (DL/1), mit der die Beschreibung der Daten und die Dateiverwaltung erfolgen. DL/1 ist keine selbständige Sprache, sondern wird im Rahmen anderer Programmiersprachen, wie Assembler, COBOL oder PL/1, eingesetzt. In den Beispielen zu DL/1 wird jeweils COBOL als Basissprache angenommen.

IMS erlaubt den Aufbau von hierarchisch strukturierten Datenbeständen, die für das System in drei verschiedenen Stufen beschrieben werden. Man unterscheidet zwischen der Beschreibung des Datenbankaufbaues, der Beschreibung des Zugriffs für ein bestimmtes Programm und der Beschreibung der Segmente. Diese drei Beschreibungen sind zeitlich unabhängig und werden erst bei der Ausführung eines Programmes miteinander verbunden. Zur Beschreibung des hierarchischen Aufbaues einer Datei dient die Data Base Description (DBD). Hier werden Datei- und Segmentnamen und vor allem der Zusammenhang zwischen den Segmenten aufgeführt. Die Beschreibung des speziellen Dateizugriffs für ein Programm erfolgt im Program Specifikation Block (PSB). Felder und Struktur eines Segmentes werden im Programm selbst beschrieben, sie entsprechen den Konventionen der jeweiligen Basissprache.

Für die Verwaltung der Segmente in der Datenbank stehen DL/1 Module zur Verfügung. Der Benutzer muß lediglich die Ordnungsbegriffe angeben, die das Segment eindeutig klassifizieren. Durch Aufrufen des entsprechenden Moduls wird dann ein Segment geholt, gespeichert oder gelöscht.

Die Speicherung der Segmente erfolgt nicht getrennt nach Segmenten in verschiedenen Dateien, sondern in langen Datenbanksätzen. In einem Satz stehen jeweils Segmente, die logisch zusammengehören. Für die

Ablage der Sätze unterscheidet IMS grundsätzlich zwei Formen. Die physikalische-sequentielle Speicherung ist sowohl auf Band als auch auf Platte möglich; dabei muß der gesamte Bestand nach einem Satz durchsucht werden. Ein direkter Zugriff zu den Daten kann nur bei der index-sequentiellen Speicherung erfolgen. Die Sätze werden in zwei Bereichen, einem ISAM-Bereich (*I*ndex *S*equential *A*ccess *M*ethod) und einem OSAM-Bereich (*O*verflow *S*equential *A*ccess *M*ethod) abgelegt.

Eine Besonderheit von IMS ist, daß es eigene Routinen zur Unterstützung der Datenkommunikation zwischen der Datenbank und räumlich getrennten Datenstationen enthält. Mit diesen Routinen wird die Code-Umwandlung, die Fehleranalyse, eine eventuelle Fehlerkorrektur und die Verwaltung von Warteschlangen betreut. In den Warteschlangen stehen Anfragen von den verschiedenen Datenstationen, sortiert nach einer vom System ermittelten Priorität.

6.1.4. Dokumentation

Eine Einführung in das System wird in folgenden Schriften gegeben:

Klimesch, Herbert
Information Management System (IMS)
IBM Nachrichten 195

Information Management System/360 for the IBM System/360
Application Description Manual
H20-0524-1

6.2. Datenorganisation

Eine IMS Datenbank kann aus mehreren Dateien bestehen. DL/1 erlaubt den Zugriff eines Programmes zu verschiedenen Dateien, außerdem ist es natürlich möglich, eine Datei in verschiedenen Programmen anzusprechen.

6.2.1. Datenstruktur

Im System IMS besteht eine Datei aus Datenbanksätzen, in denen die einzelnen Segmente gespeichert sind. Die Segmente innerhalb eines Satzes gehören logisch zusammen. Ein Segment ist unterteilt in Felder, es entspricht dem Satz in der klassischen Datenverarbeitung. Der Aufbau des Segments wird nicht mit DL/1, sondern mit der gewählten Basissprache beschrieben. Deshalb ist auch die Unterteilung des Segments in Datengruppen und Felder je nach der gewählten Basisprache verschieden. In COBOL ist eine vielstufige Unterteilung des Segments möglich, jede Datengruppe und jedes Feld werden durch einen Namen identifiziert.

Die Segmente eines Satzes sind hierarchisch gegliedert. Einem ROOT-Segment (Anker-Segment), das die Hauptordnungskriterien enthält, folgen die Dependent-Segmente (Glieder-Segmente) (Abb. 6-1). Alle Dependent-Segmente können mehrfach auftreten. Jedem Segment wird eine Stufe zugeordnet, wobei die Stufe die Entfernung vom ROOT-Segment angibt. Maximal sind 15 Stufen zugelassen. Außer auf der Stufe 0 können auf allen Stufen mehrere Segmenttypen vorhanden sein, insgesamt dürfen allerdings nicht mehr als 255 Segmenttypen auftreten. Die Segmente gleichen Typs werden nach einem Ordnungskriterium sortiert, für jedes Segment muß daher als Ordnungskriterium ein Schlüsselfeld definiert werden.

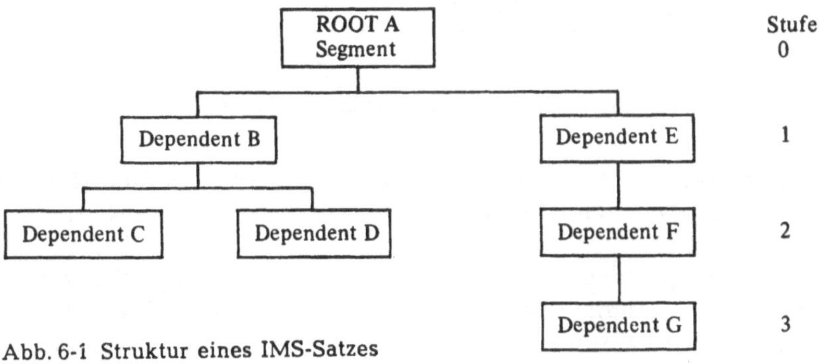

Abb. 6-1 Struktur eines IMS-Satzes

6.2.2. Speicherungsform

Grundsätzlich könen zwei verschiedene Speicherungsformen unterschieden werden:

— Hierarchical Sequential Access Method (HSAM).
  Bei dieser physikalisch-sequentiellen Speicherung muß der gesamte Datenbestand nach einem Satz durchsucht werden. Die Ablage ist auf Band oder Platte möglich.

— Hierarchical Index Sequential Access Method (HISAM).
  Die Methode ist gebräuchlicher, im folgenden wird daher nur diese Speicherungsform beschrieben. Die HISAM-Speicherung ist nur auf Platten möglich. Sie gestattet den direkten Zugriff zu den Sätzen.

Bei der HISAM-Speicherung werden die Segmente der Reihe nach in gleichlangen Speichersätzen gespeichert (Abb. 6-2). Das Beispiel entspricht der Struktur aus Abb. 6-1. Nur der erste Speichersatz liegt im ISAM-Bereich und ist aufgrund eines Schlüssels direkt zu erreichen.

Die anderen Speichersätze sind im OSAM-Bereich (Overflow Sequential Access Method) abgelegt, sie sind mit dem ersten Speichersatz über Adressketten verbunden. Ist in einem Datenbanksatz nicht mehr genug Platz für ein Segment, so wird es nicht geteilt, sondern im nächsten Satz gespeichert. In den Sätzen können also jeweils Leerstellen enthalten sein.

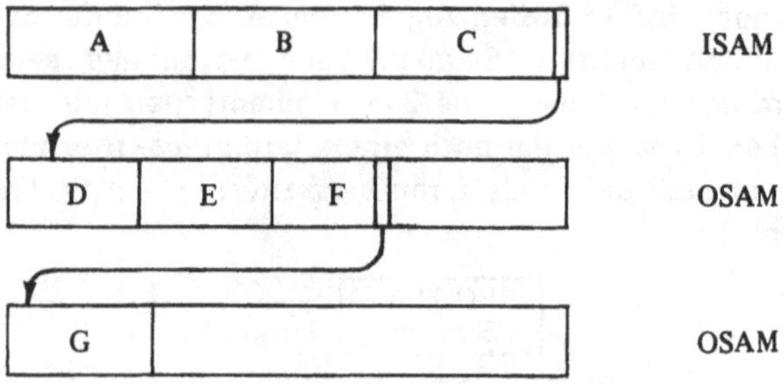

Abb. 6-2 Speicherung von Datenbanksätzen

Bei großen Strukturen können sehr lange Datenbanksätze entstehen. IMS bietet dann die Möglichkeit, die Datei in mehrere Unterdateien aufzugliedern.

Das Einfügen von Daten soll an der bisherigen Speicherung möglichst wenig ändern. Falls in einem Satz kein freier Platz mehr enthalten ist, wird ein neuer Satz angelegt und mit dem logisch vorhergehenden Satz verkettet (Abb. 6-3). Im Beispiel ist für das Segment F2 noch freier Platz vorhanden, während für das Segment C2 ein neuer Satz angelegt werden muß.

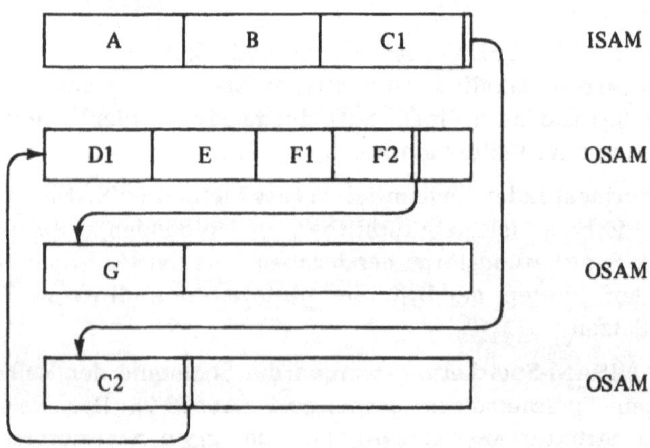

Abb. 6-3 Einfügung von Segmenten

Um einen schnellen Zugriff zu den ISAM-Sätzen zu gewährleisten, wird dieser Bereich nicht erweitert. Neu hinzukommende Sätze legt das System in den OSAM-Bereich und verkettet sie mit dem ISAM-Bereich (Abb. 6-4). Ein Pointer weist vom Satz mit der nächst höheren Schlüsselnummer auf den neu eingefügten Satz.

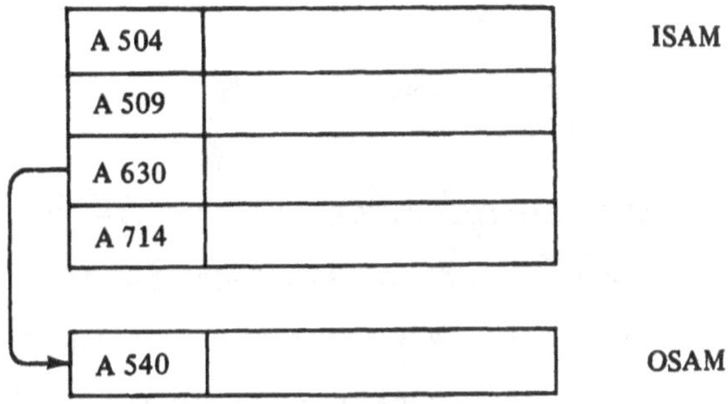

Abb. 6-4 Einfügung eines ROOT-Segments

6.2.3. Datenbeschreibung

IMS unterscheidet zwischen drei Beschreibungsformen:

— Beschreibung des hierarchischen Aufbaus der Datenbank
— Beschreibung des Zugriffs für ein spezielles Programm
— Beschreibung der Segmente.

In der Data Base Description (DBD) ist der hierarchische Aufbau der Datenbank dargestellt. Die einzelnen Makros dieser Beschreibung sollen am Beispiel einer Kundendatei mit Kunden und Auftragssegmenten dargestellt werden (Abb.6-5). Die Beschreibung wird eingeleitet mit dem Makro DBD, in dem der Dateiname und die Zugriffsform angegeben werden (Zeile 1). Nach dem Begriff DMAN ist die Verbindung zu den DD-Steuerkarten des Job Control Language zu beschreiben. An dieser Stelle soll auf eine nähere Erläuterung verzichtet werden (Zeile 2). Für jedes Segment muß man den Namen, den Namen des übergeordneten Segments, die Länge und die wahrscheinliche Anzahl angeben (Zeile 3, 6). Aus diesen Angaben errechnet das System IMS eine optimale Länge der Datenbanksätze. Es wird angestrebt, etwa 80 % der Datenbanksätze in den ISAM-Bereich zu legen und nur 20 % in den OSAM-Bereich. Damit soll ein schneller Zugriff zu den Daten gewährleistet werden.

In jedem Segment muß ein Feld als Schlüsselfeld enthalten sein, nach dem die Segmente sortiert werden sollen. Nach dem Begriff FLDK sind der Name, die Länge und der Ort dieses Schlüsselfeldes zu beschreiben (Zeile 4). Außerdem ist es möglich, mit dem Makro FLD weitere Felder zu spezifizieren, die für das System als Suchbegriff dienen sollen (Zeile 5). Alle Angaben der Data Base Description werden vom System IMS übersetzt und stehen beim Ablauf von Programmen zur Verfügung.

```
(1)  DBD     NAME = KUNDEN, ACCESS = ISAM
(2)  DMAN    .....
(3)  SEGM    NAME = KUNDSEGM, PARENT = O, BYTES = 100, FREQ = 1000
(4)  FLDK    NAME = KUNDNR, TYPE = C, BYTES = 6, START = 1
(5)  FLD     NAME = NAME, TYPE = C, BYTES = 30, START = 7
(6)  SEGM    NAME = AUFSEGM, PARENT = KUNDSEGM, BYTES = 22, FREQ = 1000
     FLDK    NAME = AUFNR, TYPE = C, BYTES = 4, START = 1
     DBDGEN
     FINISH
     END
```

Abb. 6-5 Beispiel einer IMS-Datenbankbeschreibung (DBB)

Die Beschreibung des Zugriffs für ein spezielles Programm erfolgt im Program Specification Block (PSB). Für jedes im Programm angesprochene Segment muß ein SENSEG-Makro definiert werden. Man bezeichnet diese Segmente dann auch als sensitiv. Weitere Angaben beschreiben die angesprochene Datei und die notwendigen Schlüssel.

Die Beschreibung der Felder und der Struktur der einzelnen Segmente erfolgt mit Hilfe der Basissprache im Programm selbst. An den Konventionen der jeweiligen Progammiersprache ändert sich nichts.

6.3. Funktionen des Systems

Mit dem System IMS können Aufbau und Änderung einer Datenbank und Anfragen an die Datenbank realisiert werden. Die Verwendung von DL/1 Befehlen ist in den Programmiersprachen Assembler, COBOL und PL/1 möglich. DL/1 Befehle treten in den mit diesen Sprachen geschriebenen Programmen an die Stelle der üblichen Ein-Ausgabebefehle. In einem Programm sind daher auch die Funktionen der Datenbankabfrage und der Datenbankänderung nicht streng unterschieden, man benötigt allerdings jeweils andere DL/1 Befehle.

6.3.1. Anfragen an die Datenbank

Um ein bestimmtes Segment auf der Datenbank zu finden, müssen die Ordnungsbegriffe der übergeordneten Segmente und des gesuchten Segmentes angegeben werden. Damit ist für das System der Weg zu diesem Segment eindeutig definiert. Im folgenden Beispiel wird das Auftragssegment mit der Nummer 2570 des Kunden mit der Kundennummer 101370 gesucht.

KUNDSEGM (KUNDNR = 101370)
AUFSEGM (AUFNR = 2570)

Ein solcher Ausdruck, der aus dem Namen des Segmentes, dem Namen des Ordnungsbegriffes und dem Wert des Ordnungsbegriffes besteht, wird Segment Search Argument (SSA) genannt.

Zum Transport des Segmentes in ein Arbeitsfeld ist anschließend der Befehl

GU (Get Unique)

aufzurufen. Er sucht ein bestimmtes mit dem SSA definiertes Segment.

GN (Get Next)

Der Befehl GN sucht das nächste sensitiv gemachte Segment. Die Ausführung des Befehls ist jedoch abhängig von dem zugehörigen SSA. Nennt man im SSA nur den Namen des ROOT-Segmentes, so erhält man das nächste ROOT-Segment. Steht im SSA der Ordnungsbegriff eines untergeordneten Segmentes, so erhält man dieses bestimmte Segment. Man kann damit z. B. die Kundendatei auch nach den Aufträgen für einen bestimmten Artikel durchsuchen.

GNP (Get next within parent)

Ausgehend von einem bestimmten Segment werden alle untergeordneten Segmente nach dem gewünschten Segment durchsucht. Zum Beispiel ist es möglich, alle Auftragssätze eines Kunden nach Termin zu durchsuchen.

In einem COBOL-Programm werden die beschriebenen DL/1 Befehle über CALL aufgerufen. Als Parameter sind die Funktionen des Aufrufes, der Arbeitsspeicher, ein sog. PCB-Bereich und die SSA's anzugeben. Im PCB-Bereich wird vom System mit einem Status-Code der Ablauf des DL/1 Befehls mitgeteilt. Alle Parameter müssen im Programm näher beschrieben sein, die Werte der Ordnungsbegriffe in den SSA's sind einzusetzen. Die weitere Verarbeitung, vor allem die Ausgabe der Informationen erfolgt dann ebenfalls mit Hilfe von COBOL (Abb. 6-6).

```
PROCEDURE DIVISION.
.
.
.
MOVE 'GU     ' TO IDENT.
MOVE KUNDNR TO SSA1.
.
.
.
ENTER LINKAGE.
CALL 'CBLTDLI' USING IDENT, PCBBEREICH, SSA.
ENTER COBOL.
.
.
.
MOVE CORRESPONDING KUNDEN TO AUSGABE.
PERFORM DRUCK.
```

Abb. 6-6 Beispiel eines IMS-COBOL Programmes

6.3.2. Datenbankänderung

Es gibt grundsätzlich zwei verschiedene Änderungen der Datenbank:

— Feldänderungen
— Einfügen und Löschen von Segmenten

Um ein Feld zu ändern, muß man es vorher in den Arbeitsspeicher transportieren. Dazu dienen die Befehle GHU (Get Hold Unique), GHN (Get Hold Next) und GHNP (Get Hold Next Within Parent). Diese Befehle entsprechen den im vorhergehenden Kapitel beschriebenen Befehlen, sie speichern jedoch zusätzlich die Adresse des gefundenen Satzes. Die Adresse wird von dem Befehl

REPL (Replace)

mit dem der zu ändernde Satz zurückgeschrieben wird, benötigt.

Wenn man ein Segment löschen will, so muß es ebenfalls vorher gesucht werden. Mit dem Befehl

DLET (Delete)

wird das Segment dann logisch gelöscht. DLET entfernt den Satz nicht physisch, sondern setzt nur ein Kennzeichen. Der Satz wird erst bei der nächsten Reorganisation entfernt.

ISRT (Insert)

dient zum Einfügen eines neuen Segments. Falls kein Platz mehr in dem entsprechenden Datenbanksatz ist, wird ein neuer Satz angelegt und automatisch eine Adressverkettung durchgeführt. Alle beschriebenen Befehle werden ebenfalls im COBOL über CALL aufgerufen.

6.3.3. Datenbankaufbau

Vor dem Aufbau der Datenbank sind die Data Base Description (DBD) und der Program Specification Block (PSB) zu übersetzen und in speziellen Programmbibliotheken zu speichern. Sie müssen zur Ausführung des Programmes zur Verfügung stehen. Außerdem wird aus den Angaben des DBD die Länge der Datenbanksätze errechnet.

Die Speicherung der Segmente erfolgt z. B. mit einem COBOL-Programm, das die bereits beschriebenen DL/1 Befehle enthält.

6.3.4. Weitere Funktionen

Datenkommunikation

Die meisten Datenbanksysteme dienen lediglich der Unterstützung von Programmen beim Verkehr mit der Datenbank. IMS bietet darüberhinaus umfangreiche Routinen, die den Verkehr zwischen einer Vielzahl von Datenstationen und der Datenbank steuern. Von einer Datenstation können Nachrichten für bestimmte Verarbeitungsprogramme abgegeben werden. Die Nachricht besteht aus dem Namen des Programmes, einem Sicherheitscode, mit dem der Benutzer seine Berechtigung ausweist, und einem Text, der von dem Programm verarbeitet werden soll. Die Syntax der Nachricht muß einer besonders geschaffenen Terminalbefehlssprache (TCL) entsprechen. IMS verarbeitet die Nachrichten nicht direkt, sondern reiht sie in Warteschlangen ein. Die Warteschlangen werden in zwei Bereichen auf der Platte gespeichert, die Verwaltung dieser Bereiche erfolgt mit der Zugriffsmethode HISAM. Im ISAM-Bereich stehen einzeilige Nachrichten und die Kopfsegmente der mehrzeiligen Nachrichten mit den Adressen, die auf die weiteren Nachrichten im OSAM-Bereich verweisen. Nachrichten an dasselbe Programm und Nachrichten an dieselbe Datenstation sind durch weitere Adressen miteinander verbunden. In einem Warteschlangenkontrollblock befinden sich die Anker dieser Ketten.

Die Reihenfolge der Verarbeitung von Nachrichten für ein Programm wird durch Prioritäten bestimmt. Dabei unterscheidet das System zwischen einer normalen Priorität und einer Umschaltpriorität. Die höhere Umschaltpriorität wird wirksam, wenn die Anzahl der Nachrichten in der Warteschlange den Wert eines Umschaltzählers übersteigt.

Ebenso wie die Datenbank muß auch das Datenstationsnetz für das System beschrieben werden. Die Beschreibung erfolgt mit Hilfe von Makros, in denen man die Adressen der Datenstationen angibt.

Zugriffssicherung

Um das System vor unbefugten Eingriffen zu schützen, werden an die Benutzer Sicherheitscodes vergeben. Die Codes müssen bei Anfragen angegeben werden und werden vom System überprüft. IMS reiht eine Nachricht erst nach Überpüfung der Berechtigung in die entsprechende Warteschlange ein. Die Erstellung einer Sicherheitscodetabelle erfolgt bei der Generierung des Systems. Diese Tabelle kann später nur von einer bevorrechtigten Hauptdatenstation aus geändert werden.

Protokoll

Auf einem Protokollband können abhängig von den Wünschen des Benutzers sehr umfangreiche Informationen zu verschiedensten Zwecken gespeichert werden.

— In zeitlichen Abständen werden Warteschlangenkontrollblöcke, Sicherheitsblöcke und Angaben über die Datenstationen ausgegeben.
— Veränderte Segmente der Datenbank werden gespeichert.
— Ein- und ausgehende Nachrichten werden gespeichert.
— Für jede Anfrage wird die Zeit bis zur Antwort, für jeden Zugriff die Suchzeit in der Datenbank erfaßt.

Restart

Zur Wiederherstellung einer Datenbank, die zerstört wurde, kann man entweder vom bestehenden Zustand ausgehen und die Veränderungen wieder rückgängig machen, oder von einer alten Datenbank ausgehen und erneut die Änderungsdaten eingeben. In jedem Fall benötigt man für den Restart die Daten des Protokollbandes.

6.4. Konfiguration und Betriebssystem

Das System IMS läuft unter dem Betriebssystem OS des IBM Systems/360. Im OS-PCP ist nur eine Batch-Verarbeitung möglich, das System benötigt 128 K Bytes. IMS unterstützt nur den Zugriff zu den hierarchisch strukturierten Dateien. Die Unterstützung der Datenkommunikation ist erst bei den Betriebssystemen OS-MFT und OS-MVT möglich. Das System IMS benötigt dann allerdings 256 K Bytes Hauptspeicher.

7. DBS

7.1. Einführung in das System

7.1.1. Name des Systems

DBS ist eine Kurzform von Datenbanksystem TR 440

7.1.2. Hersteller

DBS wurde von der Anwendungsentwicklung des Fachbereiches Informationstechnik der Firma AEG-Telefunken entwickelt und im Jahre 1971 zum ersten Mal ausgeliefert. Es läuft auf der Rechenanlage TR 440.

7.1.3. Kurzbeschreibung

Das System DBS unterstützt die Organisation, Programmierung und Verwaltung von Datenbanken. Es besteht aus Programmen für die Datenverwaltung, für die Formatierung der Datenbank, für die Übersetzung von DBS-Programmen und aus einer DBS-Sprache, mit der man bestimmte Funktionen des Systems aufrufen kann. Die DBS-Sprache ist keine selbständige Sprache, sondern wird zusammen mit einer anderen Programmiersprache, z. B. Assembler oder COBOL eingesetzt. Die folgende Beschreibung erläutert jeweils die Verbindung von DBS und COBOL, die wohl am meisten eingesetzt wird, da COBOL gerade für die Ein- und Ausgabe von Daten eine sehr geeignete Sprache ist.

Die DBS-Sprache enthält:

— DBS-Parameter für die Datenstrukturbeschreibung und
— DBS-Befehle für den Datentransport und weitere Systemfunktionen.

DBS Eintragungen werden vom COBOL-Compiler nicht übersetzt, diese Aufgabe übernimmt der DBS-Sprachübersetzer. Er erstellt aufgrund der DBS-Parameter Steuertabellen, die vom DBS-Datenbankprozessor bei der Ausführung von DBS-Befehlen ausgewertet werden. DBS-Befehle gibt es für das Holen, Speichern, Löschen und Ändern von Datensätzen und das Öffnen und Abschließen der Datenbank.

Ein weiterer Teil des Systems DBS, der DBS-Formatierer, teilt die Datenbank in Seiten gleicher Länge und numeriert diese Seiten. Das Programm läuft nur einmal zur Initialisierung der Datenbank.

Bei der Übertragung von Daten vom externen Speicher in den Kernspeicher werden ganze Seiten transportiert. In den Seiten sind die vom Benutzer definierten Datensätze abgelegt, wobei eine Seite Sätze verschiedenen Typs und verschiedener Länge enthalten kann. Die Seite wird nach dem Transport vom externen Speicher zunächst in einen

Pufferbereich gebracht und von dort werden die einzelnen Sätze in den Arbeitsbereich des Benutzers transportiert.

Datensätze, die in einer logischen Beziehung zueinander stehen, sind durch Adreßketten miteinander verbunden. Diese Ketten muß der Benutzer nach dem logischen Zusammenhang der Sätze definieren. Eine Kette besteht aus einem Ankersatz und beliebig vielen Gliedersätzen. Beispiel für eine einfache Datenstruktur wäre ein Kundensatz als Anker mit den zugehörigen Auftragssätzen als Glieder einer Auftragskette.

Jedes Glied einer Kette kann gleichzeitig Glied weiterer Ketten und selbst auch Anker anderer Ketten sein. Damit ist der Aufbau von weit verzweigten Netzstrukturen mit dem System DBS möglich.

7.1.4. Dokumentation

Eine Übersicht des Systems DBS gibt folgende Schrift:
DBS 440
Datenbanksystem TR 440
Handbuch für die Organisation und Programmierung.

7.2. Datenorganisation

In einer DBS-Datenbank können Sätze verschiedenen Typs und verschiedener Länge in einer Seite stehen. Anders als in den Dateien der klassischen Datenverarbeitung ist es möglich, Sätze, die logisch zusammengehören, auch physisch zusammen zu speichern.

7.2.1. Datenstruktur

Der Aufbau der Datensätze wird bei der Verbindung von DBS und COBOL im COBOL-Programm definiert, er entspricht daher den COBOL-Konventionen. Ein Datensatz kann in Datengruppen und Felder unterteilt werden. In einer Datengruppe sind mehrere logisch zusammengehörende Felder zusammengefaßt, z. B. besteht die Datengruppe Adresse aus den Feldern Ort, Straße und Hausnummer. Jedes Feld und jede Datengruppe, die im Programm angesprochen werden sollen, sind durch einen Namen zu identifizieren.

Der logische Zusammenhang zwischen den Sätzen wird durch Adreßketten hergestellt. Dazu ist jeweils vom System in einem Adreßfeld die Adresse des nächsten logisch zugehörenden Satzes der Kette gespeichert. Eine Kette beginnt bei einem Ankersatz und kann beliebig viele Gliedersätze enthalten (Abb. 7-1). Der Ankersatz erfüllt in einer Kette zwei Funktionen, er ist Einsprungspunkt in die Kette und kann Informationen enthalten, die für die gesamte Kette gelten. Im letzten Glied der Kette steht ein Kettenendezeichen.

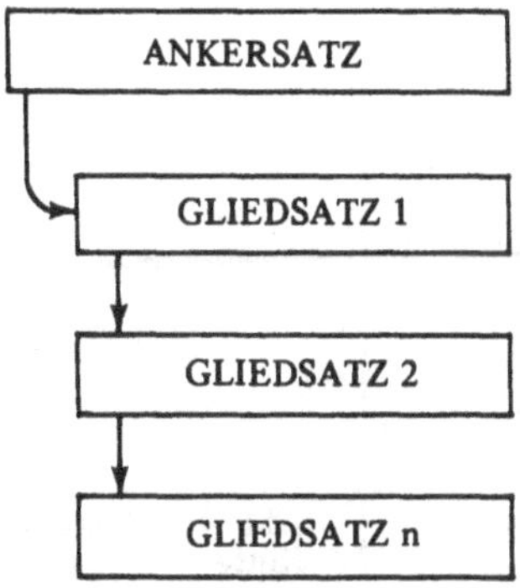

Abb. 7-1 Beispiel einer Adreßverkettung

Soll die Kette in entgegengesetzter Richtung durchlaufen werden, so muß in jedem Satz ein zusätzliches Kettenfeld vorhanden sein. Man bezeichnet die Kette dann auch als vorgängerverarbeitbar, da von einem Satz sowohl der Nachfolger als auch der Vorgänger zu erreichen sind (Abb. 7-2).

Als Sonderfall dieser Verkettung ist im Ankersatz nur die Adresse des letzten Satzes der Kette gespeichert.

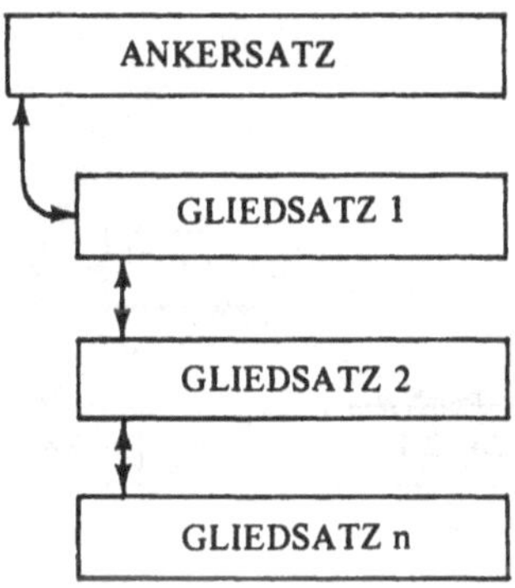

Abb 7-2 Vorgängerverarbeitbare Kette

Ist in einem dritten Kettenfeld in den Gliedersätzen die Adresse des Ankersatzes gespeichert, so bezeichnet man die Kette als ankerverarbeitbar. Neben dem Nachfolger und dem Vorgänger in der Kette ist also auch der Ankersatz direkt zu erreichen (Abb. 7-3).

Abschließend soll noch einmal aufgeführt werden, welche Verarbeitungsarten fur eine Kette moglich sind:

- — Nachfolgerverarbeitung
- — Nachfolger- und Vorgängerverarbeitung
- — Nachfolger- und Ankerverarbeitung
- — Nachfolger-, Vorgänger- und Ankerverarbeitung.

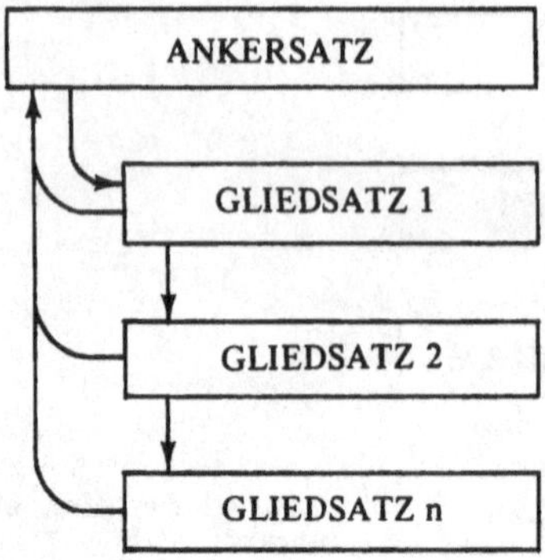

Abb. 7-3 Ankerverarbeitbare Kette

In den bisherigen Beispielen war nur jeweils eine Kette dargestellt, das ist die einfachste Form der Verkettung. Ein Satz kann jedoch Glied in mehreren Ketten sein und kann gleichzeitig Anker anderer Ketten sein. Es ist auch möglich, zwei verschiedene Sätze durch mehrere Ketten miteinander zu verbinden. Außerdem können Sätze verschiedenen Typs in einer Kette enthalten sein. Mit dem System DBS läßt sich also eine weitverzweigte Struktur, wie sie z. B. in Abb. 7-4 mit Hilfe eines Datenbankstenogrammes dargestellt ist, realisieren.

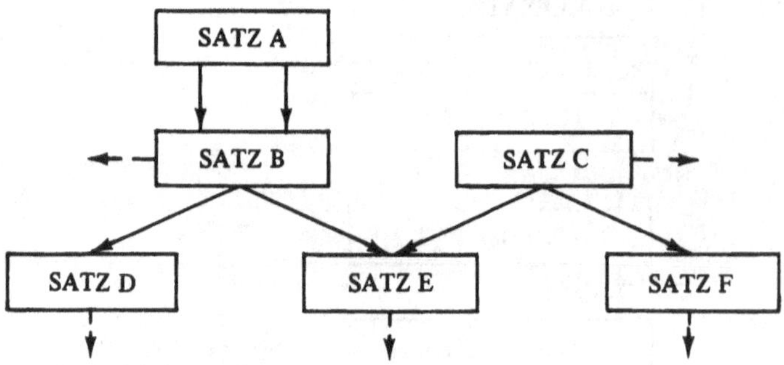

Abb. 7-4 Beispiel eines Kettenstenogramms

7.2.2. Speicherungsform

Die DBS-Datenbank ist in Seiten gleicher Länge eingeteilt, bei einem Datentransport werden immer ganze Seiten in den Kernspeicher übertragen. Die Länge der Seite kann vom Benutzer festgelegt werden, dabei beträgt die Mindeslänge 768 Zeichen, die Maximallänge 6144 Zeichen (Abb. 7-5).

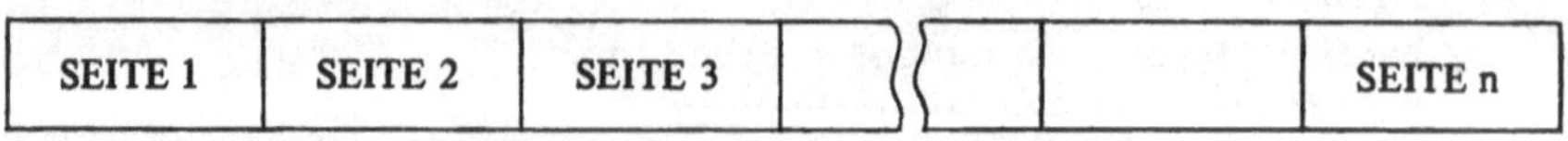

Abb. 7-5 Aufbau der DBS-Datei

Jede Datenseite beginnt mit einem Seitenkennsatz, anschließend können bis zu 64 Datensätze in der Seite folgen. Innerhalb der Seite werden die Sätze durch Liniennummern identifiziert. Seitennummer und Liniennummer ergeben zusammen die logische Adresse des Satzes. In Abb. 7-6 ist der Aufbau einer Seite dargestellt.

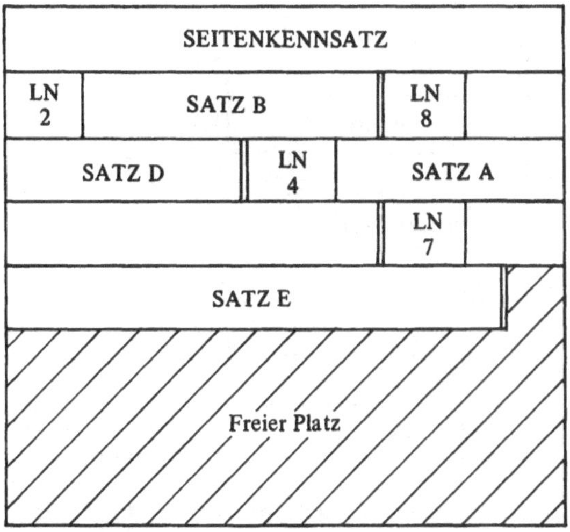

Abb. 7-6 Aufbau einer DBS-Seite

In einer Seite können Sätze verschiedener Länge und verschiedenen Typs enthalten sein. Der freie Platz in der Seite folgt immer nach den Datensätzen. Dieser Aufbau ergibt sich durch das Speicherverfahren. Dazu ist jedoch zunächst noch der Aufbau des Seitenkennsatzes zu erläutern (Abb. 7-7). Die erste Information im Seitenkennsatz ist die Seitennummer. Das Abspeicherbit AB zeigt, ob diese Seite im Kernspeicher verändert wurde und auf den Randomspeicher zurücktransportiert werden muß. Die Seitenbelegung gibt an, welche Liniennummern in der Seite noch frei sind. Das nächste Feld enthält die Adresse des ersten random gespeicherten Satzes, der logisch zu der Seite gehört, und die Adresse des freien Platzes in der Seite.

Soll ein Satz in eine Seite gespeichert werden, so wird zunächst geprüft, ob noch genügend Platz in der Seite ist. Steht auch noch eine freie Liniennummer zur Verfügung, dann wird der Satz, versehen mit der ersten freien Liniennummer, in die Seite gespeichert. Beim Löschen eines Satzes wird die bisher belegte Liniennummer frei und alle nachfolgenden Sätze in der Seite werden in Richtung Seitenbeginn verschoben, so daß der freie Platz stets am Ende der Seite ist.

Ein Datensatz besteht aus einem Datenteil und einem Steuerteil. In diesem Steuerteil ist die Länge des Satzes gespeichert, die das System für die Kontrolle der freien Speicherkapazität benötigt. Nach der Speicherung wird im Steuerteil die Liniennummer des Satzes abgelegt. Der Steuerteil enthält außerdem noch die Kettenfelder, in denen die logischen Adressen anderer Sätze stehen.

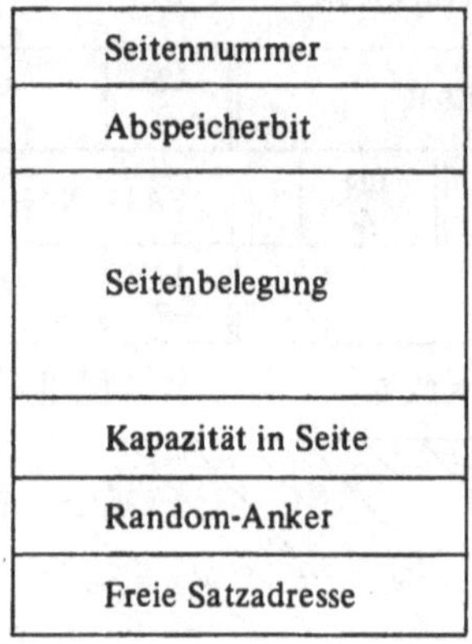

Abb. 7-7 Aufbau des Seitenkennsatzes

Eine besondere Speicherung erfolgt für random gespeicherte Sätze, bei denen der Speicherplatz aufgrund des Inhalts eines bestimmten Feldes im Satz ermittelt wird. Aus dem Inhalt dieses Feldes bestimmt ein Randomgenerator die Seitennummer dieses Satzes. Innerhalb der Seite erhält der Satz die erste freie Liniennummer und wird mit den anderen random gespeicherten Sätzen dieser Seite verkettet. Falls in der Seite kein Platz mehr ist, wird er in einer anderen Seite gespeichert, aber auch mit den Randomsätzen der ursprünglichen Seite verkettet. Der Satz ist also auf jeden Fall in der Kette der Seite enthalten, deren Nummer vom Randomgenerator bestimmt wird, und kann vom System über diese Kette wiedergefunden werden.

Soll für Datensätze neben der Möglichkeit des direkten Zugriffs auch noch die Möglichkeit der logisch sequentiellen Verarbeitung bestehen, dann kann die index-sequentielle Speicherung angewandt werden. Für jeden Datensatz wird ein Stellvertretersatz angelegt, in dem die Adresse des Datensatzes steht. Der Stellvertretersatz wird aufgrund des Inhaltes eines bestimmten Feldes im Satz, des Schlüsselfeldes, über eine oder mehrere Indextabellen gefunden. Der Masterindex steht bei der Verarbeitung ständig im Kernspeicher, die weiteren Indexstufen und der Stellvertreter sind im Indexbereich abgelegt. Sollen nun mehrere Satztypen indexiert-sequentiell gespeichert werden, so ist trotzdem nur ein Indexbereich erforderlich, da der Satztyp ebenfalls mit zur Speicherung verwendet wird. Die Stellvertretersätze sind aufsteigend nach Satztyp und Schlüsselfeld miteinander verkettet, so daß auch die logisch sequentielle Verarbeitung möglich wird. In Abb. 7-8 ist das Auffinden indexiert gespeicherter Sätze dargestellt. Der Zugriff auf den eigentlichen Datensatz erfolgt über den Hauptindex, weitere Indexstufen und den Stellvertretersatz.

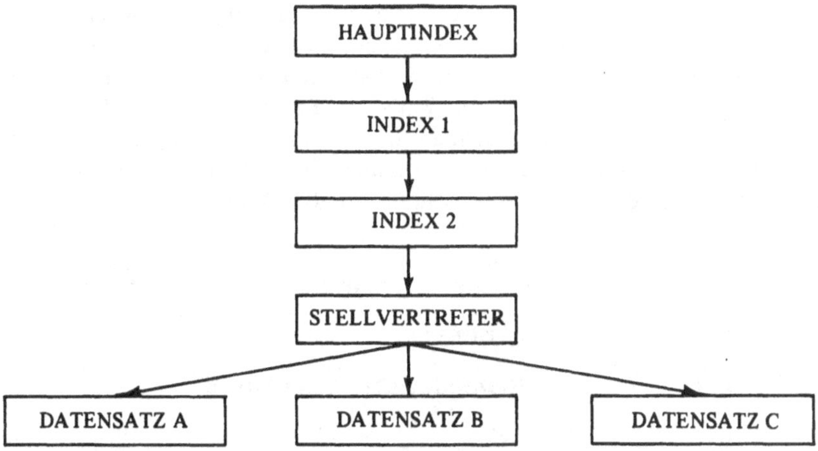

Abb. 7-8 Index-sequentielle Speicherung

7.2.3. Datenbeschreibung

Alle Angaben über die Datenbank, wie Datenbankname und Seitenlänge, die Angaben über den Aufbau der Datensätze und der Ketten, müssen für das System beschrieben werden. Die Beschreibung erfolgt in der WORKING-STORAGE SECTION des COBOL Programmes. Die DBS-Parameter sind dabei durch einen Stern gekennzeichnet und werden so vom COBOL-Compiler ignoriert. Aus den Parametern baut der DBS-Übersetzer Steuertabellen für das DBS-System auf. Im folgenden sollen die wichtigsten DBS-Parameter am Beispiel von Kundensätzen und den zugehörigen Auftragssätzen erläutert werden (Abb. 7-9).

Die Beschreibung wird mit dem Parameter DATENBANKBESCHREIBUNG eingeleitet (Zeile 1), es folgt der INSTALLATIONSTEIL (Zeile 2). Der nächste Parameter definiert den Namen der Datenbank (Zeile 3). Mit dem Parameter SYSTEM gibt man an, ob für dieses System bereits Steuertabellen erstellt wurden und diese nur zu überprüfen sind. (SYSTEM = TEST), oder ob die Steuertabellen neu zu erstellen sind (SYSTEM = NEU). Der Parameter DRUCK steuert die Protokollierung der DBS-Parameter, DRUCK = NEIN bedeutet, daß nur fehlerhafte Parameter ausgedruckt werden (Zeile 5).

Die Datenbank kann in mehrere Gebiete unterteilt werden. Der GEBIETSTEIL enthält Informationen über die Gebiete, die jeweils mit dem Namen des Gebietes eingeleitet werden (Zeile 6, 7). Im Beispiel gibt es nur das Kundengebiet. Für die GEBIETSLAENGE und die SEITENLAENGE sind die Anzahl und die Länge der Datensätze maßgebend (Zeile 8, 9). Die nächsten Angaben beziehen sich auf den Indexbereich, sie sind daher nur bei index-sequentieller Speicherung erforderlich. Der Masterindex ist während des Programmlaufes ständig im Kernspeicher. Seine Länge kann vom Benutzer mit dem Parameter MASTERINDEX festgelegt werden, wobei der Benutzer zwischen Kernspeicherbedarf und Plattenzugriffen optimieren kann (Zeile 10). Für nachträgliche Einfügungen ist im Stellvertreterbereich jede Seite in einen Primärteil und einen Überlaufteil unterteilt. Mit dem Parameter PRIMAERDATEN kann die Grenze zwischen diesen Teilen bestimmt werden (Zeile 11).

```
(1)  *  DATENBANKBESCHREIBUNG.
(2)  *  INSTALLATIONSTEIL.
(3)  *     DATENBANKNAME = KUNDENDATEI.
(4)  *     SYSTEM        = NEU.
(5)  *     DRUCK         = NEIN.
(6)  *  GEBIETSTEIL.
(7)  *  GEBIET = KUNDENGEBIET.
(8)  *     GEBIETSLÄNGE   =  2000 SEITEN.
(9)  *     SEITENLÄNGE    =  1536 ZEICHEN.
(10) *     MASTERINDEX    =  2000 ZEICHEN.
(11) *     PRIMÄRDATEN    =    80 PROZENT.
(12) *     INHALT         = 10000 KUNDEN SAETZE.
(13) *  DATENTEIL.
        01 KUNDEN.
           02 KUNDNR         PIC 9(6).
           02 NAME           PIC X(30).
           02 ADRESSE.
              03 PLZ         PIC X(4).
              03 ORT         PIC X(50).
           02 BRANCHE        PIC X(10).
```

```
(14)  *      SATZTYP           = 2.
(15)  *      ABLAGE            = INDEXIERT.
(16)  *      SCHLÜSSEL         = KUNDNR.
          01 AUFTR.
             02 AUFNR          PIC 9(4).
             02 DATEIN         PIC 9(8).
             02 DATAUS         PIC 9(8).
             02 ARTNR          PIC 9(6).
             02 EILKZ          PIC 9(2).
      *      SATZTYP = 4.
      *      ABLAGE = NAHE AUFKET.
(17)  *   STRUKTURTEIL.
(18)  *   KETTE = AUFKET.
(19)  *      ANKER             = KUNDEN SATZ,
(20)  *      GLIED             = AUFTR SATZ,
(21)  *      EINORDNUNG        = SORTIERT ABSTEIGEND NACH AUFNR FELD,
(22)  *      ANKERWAHL         = MIT SCHLÜSSEL,
(23)  *      DUPLIKATE         = VERBOTEN,
(24)  *   DBS-ENDE.
```

Abb. 7-9 Beispiel einer DBS-Datenbankbeschreibung

Aus der Anzahl der index-sequentiell gespeicherten Sätze (Parameter INHALT = 10 000 KUNDENSAETZE) und der Länge des Masterindex ermittelt das System die Anzahl der Indexstufen und die Größe des Indexbereiches.

Der Parameter DATENTEIL leitet die Beschreibung der Daten ein (Zeile 13). Die Beschreibung des Satzes entspricht den COBOL-Konventionen. Unter Stufennummer 01 steht der Satzname, es folgen dann die einzelnen Felder. Der nächste DBS-Parameter ist der SATZTYP, er enthält eine ganze Zahl zwischen 1 und 127 und identifiziert den Satz für das DBS-System (Zeile 14). Der Parameter ABLAGE gibt die Speicherungsform des Satzes an (Zeile 15). Mögliche Speicherungsformen sind DIREKT, SEQUENTIELL, INDEXIERT SEQUENTIELL, NAHE und RANDOM. Eine besonders interessante Speicherungsform bei verketteten Sätzen ist NAHE. Man kann damit erreichen, daß die Gliedsätze auch physikalisch in der Nähe des Ankersatzes einer Kette gespeichert sind und erhält somit durch wenige Plattenzugriffe alle Sätze der Kette.

Bei index-sequentieller Speicherung und bei Randomspeicherung ist mit dem Parameter SCHLUESSEL die Angabe des Feldes erforderlich, aufgrund dessen die Adresse des Satzes gefunden wird (Zeile 16).

Nachdem alle Sätze beschrieben wurden, leitet der Parameter STRUKTURTEIL die Definition der Ketten ein (Zeile 17). Im Beispiel ist nur die Auftragskette vorhanden (Zeile 18). Anker dieser Kette ist der Kundensatz, Glieder sind die Auftragssätze (Zeile 19 und 20). Die Einordnung der Auftragssätze erfolgt absteigend sortiert nach der Auftragsnummer (Zeile 21). Bei der Speicherung eines Auftragssatzes muß im Schlüsselfeld die Nummer des zugehörigen Kunden angegeben sein (Zeile 22). Mit Hilfe dieses Schlüssels findet das System den Ankersatz. Definiert man ANKERWAHL = AKTUELL, so muß der Ankersatz vom Benutzer vor Einspeicherung eines Gliedsatzes als letzter Satz seines Typs bearbeitet worden sein. Für eine sortierte Kette kann angegeben werden, ob Duplikate verboten oder erlaubt sind (Zeile 23). Falls man außer der Nachfolgerverkettung noch die Verkettung mit dem Vorgänger oder dem Anker wünscht, so muß man das mit dem Parameter VERKETTUNG angeben. Da dieser Parameter im Beispiel fehlt, ist nur eine Nachfolgerverkettung vorgesehen. Abgeschlossen wird die DBS-Datenbankbeschreibung mit dem Parameter DBS-ENDE (Zeile 24).

7.3. Funktionen des Systems

Die Befehle zur Datenbankabfrage, zur Datenbankänderung und zum Aufbau der Datenbank stehen in der PROCEDURE DIVISION des DBS/COBOL-Programmes. Sie werden allerdings nicht streng nach diesen Funktionen unterschieden.

7.3.1. Anfragen an die Datenbank

Eine Anfrage an die Datenbank erfolgt mit dem Befehl HOLEN. Die Seite, in der ein gesuchter Satz steht, wird in einen Puffer transportiert und von dort wird der Satz in den Arbeitsbereich des Programmes gebracht. Vor dem Transport vom Randomspeicher in den Puffer prüft das System allerdings noch, ob diese Seite nicht bereits in einem der Puffer steht. Es ist also nach dem Befehl HOLEN nicht in jedem Fall ein Plattenzugriff erforderlich. Im DBS/COBOL-Programm wird der DBS-Befehl durch die Eintragung ENTER TAS eingeleitet. Es folgt der Befehl mit einer Befehlsversorgung, die von der Speicherungsform des Satzes abhängt. Anschließend muß im Fehlercode abgefragt werden, ob der Befehl korrekt verlaufen ist und der Satz gefunden wurde. In Abb. 7-10 ist in einem Beispiel das Wiederauffinden eines Kundensatzes dargestellt.

```
PROCEDURE DIVISION.
          .
          .
          .
MOVE EKUNDNR TO KUNDNR.
ENTER TAS
          HOLEN USING KUNDEN.
IF FEHLERCODE NOT EQUAL TO ZERO GO TO FEHL 1.
MOVE KUNDNR TO AKUNDNR.
MOVE NAME TO ANAME.
MOVE ADRESS TO AADRESSE.
PERFORM DRUCK.
```

Abb. 7-10 Beispiel eines DBS-COBOL Programms

Im folgenden sollen einige der Befehlsversorgungen näher erläutert werden. Der Befehl im Beispiel hat die Form

HOLEN (Satzname)

Die Ausführung des Befehls ist abhängig von der Ablage des Satzes. Bei index-sequentieller Speicherung wird aufgrund des Schlüsselfeldes über Indextabellen die Adresse des Stellvertretersatzes ermittelt und dann die Datenseite geholt. Ist der Satz random gespeichert, so errechnet der Randomgenerator die Seitennummer. Der Satz wird in der Kette der random gespeicherten Sätze gefunden, deren Anker im Seitenkennsatz steht.

HOLANK (Kettenname)
HOLVOR (Kettenname)
HOLNAC (Kettenname)

Bei diesen Befehlen wird der Anker, Vorgänger oder Nachfolger in der angegebenen Kette geholt. Das System geht dabei von dem zuletzt bearbeiteten Satz dieser Kette aus.

HOLDIR

Mit HOLDIR (HOLEN DIREKT) wird der Satz in den Kernspeicher transportiert, dessen Adresse der Benutzer in das Feld DIREKTADRESSE gebracht hat. Für Sätze mit der Ablage DIREKT ist dieser Befehl immer anzuwenden, wenn man sie nicht über eine Kette erreichen kann. Es können aber auch alle anders abgelegten Sätze direkt geholt werden, falls dem Benutzer die Adresse bekannt ist.

HOLDAT

Dieser Befehl dient der starr sequentiellen Verarbeitung eines Datenbestandes. HOLDAT (HOLEN DATEN) erwartet als Versorgung die Seitennummer, bei der die Verarbeitung beginnen soll und die Seitennummer, mit der die Bereitstellung der Sätze enden soll.

HOLSTV (Satzname)
HOLDAT
HOLIND

Für die logisch sequentielle Verarbeitung index-sequentiell gespeicherter Datenbestände ist die obige Folge von DBS-Befehlen erforderlich. Die Verarbeitung beginnt bei dem Satz, dessen Nummer im Schlüsselfeld steht. Zunächst wird nur der Stellvertreter geholt, HOLDAT bringt dann den Datensatz in den Kernspeicher. Mit HOLIND (HOLEN IN INDEXBEREICH) wird der logisch nächste Stellvertreter geholt usw.

7.3.2. Datenbankänderung

Bei der Änderung der Datenbank ist zu unterscheiden zwischen Feldänderungen und Satzänderungen. Für die Änderung von Feldern steht der Befehl AENDERN zu Verfügung.

AENDERN (Feldname 1) . . .

Mit dem Befehl AENDERN kann jeder beliebige Feldinhalt eines Satzes gegen einen neuen Inhalt ausgetauscht werden. Vorher ist der Satz mit dem Befehl HOLEN in den Kernspeicher zu transportieren. Falls das Feld ein Schlüsselfeld oder ein Sortierfeld ist, führt das System automatisch eine neue Verkettung des Satzes durch. Wird nur ein Datenfeld geändert, erfolgt eine Rückspeicherung des Satzes auf den gleichen Platz, es wird keine Verkettung geändert.

Eine Änderung der Datenbank geschieht mit den Befehlen SPEICHERN und LOESCHEN.

SPEICHERN (Satzname)

Vor dem Aufruf des Befehls SPEICHERN muß der Benutzer den Satz im Arbeitsspeicher aufbauen. Der Satz wird dann entsprechend der mit dem Parameter ABLAGE festgelegten Speicherungsform in der DBS-Datei abgelegt. Das System kettet den Satz automatisch in allen Ketten ein, in denen er Gliedsatz ist und baut auch die Ketten auf, für die der Satz Anker ist. Nach der Speicherung steht im Feld DIREKTADRESSE die logische Adresse des Satzes, sie kann vom Benutzer zwischengespeichert werden.

LOESCHEN (Satzname)

Will man einen Satz aus der Datenbank entfernen, so ist der Befehl LOESCHEN aufzurufen. Der Befehl gilt allerdings nur für den zuletzt bearbeiteten Satz. Man muß also im allgemeinen vor dem Löschen eines Satzes den Befehl HOLEN aufrufen. Zunächst werden alle von dem Satz abhängigen Kettenglieder gelöscht, dann wird der Satz aus der DBS-Datenbank entfernt. Ist es nicht möglich, den Satz aus allen Ketten, zu denen er gehört, auszuketten, so wird er zunächst nur logisch gelöscht, steht aber dem Benutzer nicht mehr zur Verfügung.

7.3.3. Datenbankaufbau

Vor dem Speichern der ersten Daten muß der Randomspeicher formatiert werden. Aus den Angaben der DBS-Datenbankbeschreibung erstellt der DBS-Sprachübersetzer Systemtabellen, in denen Werte wie Seitenlänge, Länge des Masterindex, Anzahl der index-sequentiell gespeicherten Sätze usw. enthalten sind. Mit Hilfe dieser Werte wird vom Formatierer die Datenbank aufbereitet. In jeder Seite der Datenbank wird ein Seitenkennsatz geschrieben und die Steuertabellen werden im Systembereich abgelegt. Der Formatierer läuft nur einmal vor dem ersten Speichern von Daten. Nur wenn der bisherige Aufbau der Datenbank geändert werden soll, ist eine erneute Formatierung erforderlich.

Für die Speicherung der Daten ist der Befehl SPEICHERN einzusetzen, dessen Wirkung schon im vorhergehenden Abschnitt beschrieben wurde.

7.4. Konfiguration und Betriebssystem

Das System DBS läuft auf der Rechenanlage TR 440 der Firma AEG-Telefunken. Es benötigt einen Kernspeicher von 32 K Worten. Für die Speicherung der Daten ist mindestens ein Randomspeicher erforderlich, z. B. Trommel-, Platten- oder Wechselplattenspeicher. Der Speicherbedarf ist abhängig von der Anzahl der Daten.

8. ADADBAS*

8.1. Einführung in das System

8.1.1. Name des Systems

ADABAS ist eine Kurzform von Adaptierbares Datenbanksystem.

8.1.2. Hersteller

Das System wurde vom aiv-Institut entwickelt und wird von der software ag vertrieben.

8.1.3. Kurzbeschreibung

ADABAS ist ein allgemeines Datenverwaltungssystem. Beliebige, formatierte Daten werden auf beliebigen Randomspeichern als Datenbank so verwaltet, daß man mit allen Daten im Sinne eines Assozitivspeichers arbeiten kann.

ADABAS besorgt alle Arbeiten, die mit der Datenspeicherung auf externen Massenspeichern, mit der Datenaufbereitung, Datenprüfung, kurz Datenverwaltung, zu tun haben.

Alle nötigen Datenbankfunktionen werden durch Befehle an das System (Suchen, Lesen, Löschen, Ändern, Neuzugang) ausgelöst.

Besonderer Wert wurde bei der Konzipierung dieser Software auf die Möglichkeit gelegt, große Batchläufe und gleichzeitig beliebige Auskunftsprobleme im Multiprogramming abzuwickeln. Mit der Datenbank sollen also nicht nur kleine spezielle Auskunftsprobleme gelöst werden, sondern es sollen auch Läufe durchgeführt werden, die große Datenmengen sequentiell abarbeiten. Hierunter fallen vor allem die Anwendungsfälle, bei denen pro Stunde zwischen 50 000 und 200 000 Sätze verarbeitet werden müssen (Kontenverwaltung, Lohn-, Gehalt-, Mahnwesen etc.).

Für die Realisierung benutzerspezifischer Standardprobleme ist der Anschluß von speziellen Vormodulen vorgesehen. Solche Vormodule sind z. B. ein Statistikgenerator oder ein Stücklistenprozessor, welcher mit Hilfe der Datenbank besonders einfach zu realisieren ist.

Benutzerprogramme, die mit ADABAS verkehren, können in den üblichen Programmiersprachen geschrieben sein (Assembler, COBOL, PL/1, FORTRAN). Darüberhinaus können insbesondere für den Bildschirmverkehr aus den einfachen syntaktischen Elementen der ADABAS-Sprache beliebige Benutzersprachen definiert werden, die je nach Branche und Anwendungsfall völlig verschiedenes Aussehen haben.

*) Dieser Beitrag wurde von Herrn Schnell, aiv-Institut Darmstadt, erstellt.

Die Schnittstelle der Datenbanksoftware ADABAS zu benutzerspezifischen Programmen liegt im Arbeitsspeicher in Form des sogenannten Verständigungsbereichs. Dieser besteht aus einem Steuerblock und den Puffern, die zur Ausführung der einzelnen Datenbankbefehle benötigt werden.

8.1.4. Dokumentation

Eine Einführung in ABADAS geben folgende Schriften:

ADABAS-Kurzbeschreibung
ADABAS-Benutzerhandbuch

8.2. Datenorganisation

ADABAS gestattet die Speicherung von maximal 255 Dateien. Diese können untereinander abhängig (gekoppelte Dateien) oder unabhängig sein (ungekoppelte Dateien). Jede Datei besteht aus Sätzen, deren Satzaufbau frei wählbar und jederzeit erweiterbar ist. Alle Daten werden auf Random-Speicher abgelegt und müssen nie neu organisiert werden, auch nicht, wenn der Datenbestand stark wächst und neue Speichereinheiten nachträglich angeschlossen werden.

Das wird dadurch erreicht, das ADABAS alle Lücken und freien Bereiche im Randomspeicher so verwaltet, daß sie mit neuen oder erweiterten Sätzen gefüllt werden, ohne daß dabei Kettungsadressen eingeführt werden. ADABAS kennt den Begriff der Kettungsadresse nicht, sondern füllt den Datenspeicher nur mit komprimierten Daten.

8.2.1. Datenstruktur

Jeder gespeicherte Satz besteht aus Feldern. Alle Sätze gleichen Aufbaus gehören zu einer Datei.

Felder können fix oder variabel lang sein, können multipel sein, d. h. gleichzeitig mehrere Werte beinhalten oder sich in Gruppen periodisch wiederholen (z. B. 1. Wohnsitz [PLZ, Wohnort, Straße, Nummer] 2. Wohnsitz usw.). **(Abb. 8—1).**

Ein multiples Feld ist ein Feld, das in den verschiedenen Sätzen einer Datei einen oder mehrere Werte gleichzeitig beinhalten kann. Beispiel: 1. Vorname einer Person, 2. Telefonnummer einer Firma, 3. Verpackungsgröße eine Ware.

Ein möglicher Satzaufbau für einen Auftragssatz ist in der folgenden Abb. 8—2 dargestellt. Er besteht aus Stammdaten (spezifische Angaben zu dem Auftrag, zu dem Kunden etc.) und aus einer variablen Anzahl von Einzelposten, die die eigentlichen Warendaten enthalten. Die Ein-

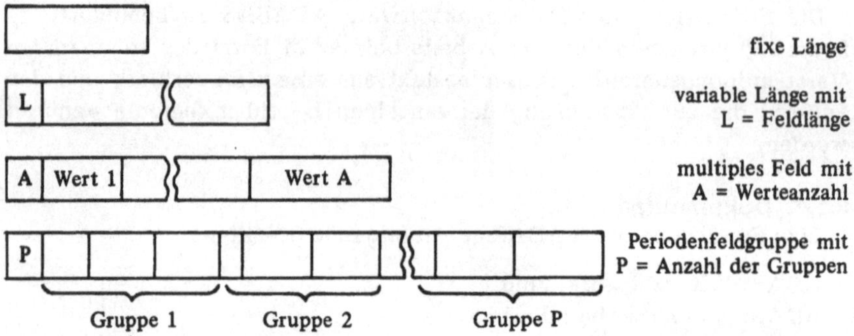

Abb. 8-1 Formen des Feldaufbaus

zelposten (u. a. bestehend aus Menge, Bestellnummer oder Artikelnummer) werden dabei als Periodengruppen definiert. Alle Daten zu einem Auftrag speichert ADABAS physisch zusammenhängend.

Auftragsstammdaten				Einzelpostendaten			
Auftragsnr.	Datum	Kunde	--	EP_1	EP_2	--	EP_n

Dabei hat jeder EP den Aufbau:

Artikelnummer	Menge	weitere Felder

Abb. 8-2 Beispiel eines Auftragssatzes

Diese oben beschriebenen Speicherungsformen sind jedoch im wesentlichen nur systemintern interessant, da das angeschlossene Benutzerprogramm ihm genehme Feldgrößen und Formen für die Datenanlieferung vorschreiben kann. Normale Benutzerprogramme verlangen fixe Feldlängen und fixen Satzaufbau.

Man muß also unterscheiden
zwischen der Datenspeicherung im System ADABAS mit den unterschiedlichen Datenstrukturen
und einem Satzaufbau, wie er von einem rufenden Benutzerprogramm verlangt wird.

In den Feldern stehen Daten, die alle heute üblichen Formate annehmen können, also:

— alphanumerisch (linksbündig)
— binär (rechtsbündig)
— dezimal gepackt
— dezimal ungepackt
— Festkomma (4 Bytes mit Vorzeichen)
— Gleitkomma (kurz oder lang)

8.2.2. Speicherungsform

Der gesamte ADABAS-Speicher besteht aus zwei Teilen:

— Datenspeicher
— Assoziator

Der *Datenspeicher* enthält nur die Menge aller Datensätze in stark komprimierter Form. Fast alle Datenfelder sind automatisch intern variabel lang. Dabei werden führende Nullen (bei numerischen Daten) bzw. angehängte Leerzeichen (bei alphanumerischen Daten) nicht gespeichert. Felder, die leer sind, d. h. zur Zeit keinen Wert besitzen, werden ebenfalls nicht gespeichert. Dadurch wird sehr viel Speicherplatz eingespart, da bei fast allen heute üblichen Satzentwürfen fixer Länge eine Reihe von Feldern meist leer sind.

Messungen an verschiedensten praktischen Daten haben im Mittel eine Komprimierung auf 50 % der heutigen Länge ergeben.

Die Speicherung der zu Strings verdichteten Datensätze auf dem Randomspeicher geschieht in ADABAS ohne Berücksichtigung einer logischen Reihenfolge. ADABAS verwaltet den freien Speicherplatz dynamisch, so daß neue Sätze in vorhandene Lücken eingespeichert bzw. bestehende Sätze beliebig verkürzt oder verlängert werden können. Alle Daten, die zu einem Satz gehören, stehen stets physikalisch zusammen.

Als Einheit der Speicherung dient der Block, dessen Länge vom Benutzer definiert wird. In einem Block können mehrere komprimierte Sätze stehen. Jeder Satz besitzt als Zusatz lediglich eine 4-bytige interne Satznummer (ISN). Nur unter dieser Nummer wird der Satz im Assoziator von ADABAS verwaltet.

Der *Assoziator* ist das eigentliche Verwaltungsinstrument von ADABAS und beinhaltet neben den Feldbeschreibungen und einigen kleineren Tabellen das Assoziationsnetz, das für die Suchprozeduren zur raschen Beantwortung komplexer Suchanfragen benötigt wird. Man kann eine beliebige Auswahl von Feldern jeder Datei zu sogenannten Deskriptoren erklären, d. h. zu Feldern, mit denen häufiger Suchkriterien für Suchanfragen formuliert werden. Pro Datei sind maximal 200 solcher Deskriptoren mit je beliebig vielen Deskriptorenwerten zulässig, wobei zusätzlich noch weitere 12 Felder in phonetischer Form als Deskriptoren erlaubt sind.

Der Speicherbedarf für den Assoziator liegt bei ca. 1 % des Datenbestandes pro Deskriptor. Im Mittel muß man also bei 10 bis 20 Deskriptoren pro Datei mit 10—20 % des Datenspeichers rechnen. Wegen der starken Datenkomprimierung ergibt sich die Summe Datenspeicher + Assoziator als deutlich kleiner als der reine Datenspeicherbedarf der heute meist üblichen, klassischen Datenspeicherung. Diese Tatsache bringt insbesondere bei sequentiellen Arbeiten mit ADABAS-Datenbeständen Zeitgewinne mit sich, da weniger E/A-Zeiten anfallen.

8.2.3. Datenbeschreibung

Zu jeder Datei gehört eine sogenannte Feldbeschreibung. Diese enthält die Definition des Satzaufbaues dieser Datei und besteht aus Angaben wie Stufennummer (bei Hierarchien), Feldnamen, Standardlänge, Standardformat, sowie einigen Zusatzangaben.

Die Feldbeschreibung wird beim Ladeprozeß der Datei generiert. Sie ist nach einer einfachen Syntax formulierbar (Abb. 8-3).

01, KN, 6, P, DE	Kundennummer	
01, NA, 30, A	Name	
01, AD	Adresse	Kundendaten
02, PL, 4, A	PLZ	
02, OR, 50, A	Ort	
.		
.		
.		
01, AN, 4, P, DE	Auftragsnummer	
01, DE, 8, P	Eingangsdatum	
01, DA, 8, P	Ausgangsdatum	Auftragsdaten
01, AR, 6, P	Artikelnummer	
01, EK, 2, A	Eilkennzeichen	

Abb. 8-3 Beispiel einer Datenbeschreibung

In jeder Zeile wird jeweils ein Feld beschrieben. Die Definition eines Feldes besteht aus:

- Stufennummern
- Feldname, intern hat jedes Feld einen zweistelligen Namen, der jederzeit bei Verwendung von z. B. Bildschirmmodulen in beliebig sprechende Schlüssel oder Namen umgeschlüsselt werden kann.
- Standardlänge
- Standardformat, hier im Beispiel bedeuten: P = packed, U = unpacked, A = alpha. Diese Standardangaben werden vom System stets dann verwendet, wenn beim Aufruf des betreffenden Feldes keine anderen Angaben gemacht werden.
- Zusatzangaben, hier im Beispiel bedeuten: DE = Deskriptor, dieses Feld soll in das Assoziationsnetz eingebunden werden; NU =

Null bzw. space (bei Alphafeldern), diese Angabe stellt nicht den Wert „Null", sondern das Zeichen „leer" dar. ADABAS unterscheidet also zwischen einem leeren Feld und einem Feld, das den Wert Null besitzt. Beim Datum wird dieser Unterschied evident, denn der Wert Null bedeutet hier „nicht angegeben", d. h. „leer". Leere Felder werden intern nicht gespeichert und sparen daher erheblich Speicherplatz. PE = Periode, diese Angabe definiert den Beginn einer Periodengruppe, die aus mindestens einem Feld bestehen muß. Eine Schachtelung von Periodengruppen ist nicht erlaubt.

Die Generierung der Feldbeschreibung aus den Felddefinitionsangaben wie im Beispiel oben ist stets der erste Teil eines Dateiladeprogramms.

Sollen zwei Dateien gekoppelt werden, so geschieht dies über ein Kopplungskriterium, das — maximal dreistufig — vom Benutzer für den Kopplungsprozeß angegeben werden muß. Es definiert, in welcher Weise und in welchen Fällen welche Sätze der beiden Dateien gekoppelt sind. Kopplungkriterien sind Definitionen, die ähnlich wie die Feldbeschreibung ständig zur Strukturdefinition der Datenbestände benötigt werden.

Dateien sind in ADABAS also nicht im Sinne einer Speicherkettung gekoppelt, sondern im logischen Sinn. Jeder Satz der einen Datei kann mit mehreren Sätzen der anderen Datei gekoppelt sein.

Beispiele:

1. Nehmen wir an, daß zwei Dateien existieren, nämlich eine Auftragsdatei und eine Versanddatei. Zu einem Auftragssatz kann es mehrere Versandsätze der Versanddatei geben, wenn eine entsprechende Paketstückelung vorgenommen wurde. Andererseits können aber auch zu einem Versandsatz mehrere Auftragssätze gehören, wenn nämlich mehrere Bestellungen zu einem Paket zusammengestellt werden.

2. Nehmen wir zwei Dateien aus dem kommunalen Bereich: eine Einwohnermeldedatei und eine Grundstücksdatei. Ein Einwohner kann mehrere Grundstücke besitzen, also mit mehreren Sätzen der Grundstücksdatei gekoppelt sein. Andererseits kann ein Grundstück mehrere Eigentümer haben, also mit mehreren Sätzen der Einwohnermeldedatei gekoppelt sein.

Wie aus den Beispielen schon hervorgeht, existiert zwischen zwei gekoppelten Dateien kein Oberdatei-Unterdateiverhältnis, da nur und erst durch die Fragestellung an die Datenbank (z. B. durch eine Suchfrage) festgelegt wird, welche Datei Oberdatei sein soll.

8.3. Funktionen des Systems

Neben den Lade- und Arbeitsfunktionen besitzt ADABAS eine Reihe weiterer Elemente, nämlich die Datensicherung, den Datenschutz, die Datenstatistik und die allgemeine Speicherverwaltung.

Im folgenden soll auf die wesentlichen Charakteristika dieser Funktionen eingegangen werden.

ADABAS kennt 5 Hauptbefehle (Neuzugang, Lesen, Suchen, Ändern, Löschen), die in beliebiger Reihenfolge an das System gegeben werden können. Die Parameter zur Definition des vollständigen Befehls an die Datenbank werden nach einer definierten Syntax im Verständigungsbereich angegeben. Nach korrekter Ausführung des Befehles stehen etwaige Ergebnisse ebenfalls in den Puffern des Verständigungsbereiches. Der einzelne Befehl verhält sich also für den Programmierer eines Benutzerprogrammes wie ein sehr komplexer E/A-Makro.

8.3.1. Anfragen an die Datenbank

Zur Anfrage dient der allgemeine Befehl SUCHEN. Mit dem Suchbefehl kann aufgrund eines beliebigen Suchkriteriums eine Menge von Sätzen aus dem Datenbestand ausgewählt werden. Das Suchkriterium hat nichts mit einer etwaigen Sortierung der Daten auf dem Randomspeicher zu tun, sondern bezieht sich auf frei wählbare Feldinhalte.

In Abb. 8-4 ist die Formulierung einer Anfrage an das Datenbanksystem im Rahmen eines COBOL-Programmes dargestellt. Im Steuerblock wird angegeben, daß es sich um einen Such-Befehl handelt.

```
ENTER LINKAGE.

CALL 'ADABAS' USING

               STEUERBLOCK FORMATPUFFER
               SATZPUFFER SUCHPUFFER
               WERTEPUFFER ISNPUFFER
               ÄNDERUNGSPUFFER.

ENTER COBOL.
```

Abb. 8-4 Beispiel einer Datenbankanfrage

Die Antwort wird eine Reihe von ISNs (interne Satznummern) sein, deren Sätze der Suchbedingung genügen. Die Sätze selbst können dann in beliebigen Formaten mit dem Befehl LESEN in den Arbeitsspeicher geholt werden.

Das Suchkriterium kann alle Formen von logischen Verknüpfungen besitzen, von der einfachen Form: „Gesucht ist der Auftragssatz mit der Auftragsnummer 167382" oder „Gesucht ist der Auftragssatz von WILHELM KARBER, 6145 ALSBACH, HAUPTSTRASSE" bis zu komplizierten Kombinationen verschiedener Teilbedingungen mit den Operatoren

— UND
— ODER
— VON — BIS
— ABER NICHT

Das Suchkriterium kann sich auch auf gleichzeitige Bedingungen in verschiedenen gekoppelten Dateien beziehen:

ADABAS ermittelt das Ergebnis von Suchanfragen ohne jeden Zugriff auf den Datenspeicher. Alle benötigte Suchinformation steht in Form des sogenannten Assoziationsnetzes im Assoziator zur Verfügung. Je nach Fragestellung beträgt die Suchzeit zwischen 0 und ca. 10 Speicherzugriffen.

Bei Standardfragen, wie zum Beispiel „Frage nach dem Auftragssatz mit der Auftragsnummer xxxxxxxx" werden maximal zwei Zugriffe benötigt, wobei die Dateigröße keine Rolle spielt.

Das Ergebnis eines Suchbefehls ist stets die Anzahl der gefundenen ISNs sowie die Liste der ISNs selbst. Mit dem Lesebefehl kann man anschließend Satz für Satz lesen. Die charakteristische Befehlsfolge bei der Verwendung allgemeiner Suchkriterien lautet daher:

— SUCHEN
— LESEN
— VERARBEITEN

Der Lesebefehl gestattet das Selektieren und Aufbereiten beliebiger Felder des gespeicherten Satzes. Unabhängig von Format und Anzahl der gespeicherten Felder kann man sich also mehr oder weniger viele Felder in beliebig konvertierter Form ausgeben lassen. Zum Druck von Bankkontoauszügen kann das Format z. B. die fertig aufbereitete Druckzeile sein. Zudem kann man in den aufzubereitenden Satz Leerzeichen und Literale einblenden lassen, ähnlich wie dies in FORTRAN möglich ist.

Bei Anfragen nach Namen z. B. in Personaldatenbanken, gestattet ADABAS außerdem das Suchen nach dem phonetischen (klanglichen) Gehalt des Namens, so daß bei einer Frage nach dem Familiennamen „POLSCHUH" auch die Sätze mit dem Wert „POLLSU" oder bei der Frage nach „MAYER" auch die Sätze mit dem Wert „MEIR" gefunden werden.

Zudem gestattet das System die Ausgabe der durch einen Suchbefehl gefundenen Sätze in einer Reihenfolge, die durch ein frei wählbares Sortierkriterium angegeben wird.

Zur sehr schnellen Bearbeitung ganzer Dateien im Sinne einer Batchverarbeitung gestattet ADABAS ferner ganze Datenbestände sortiert oder unsortiert zu lesen. Die Verarbeitungszeiten können hierbei unter denen einer Bandverarbeitung liegen, da mit einem Datenspeicherzugriff sehr viele Sätze in den Arbeitsspeicher eingelesen werden.

8.3.2. Datenbankänderung

Zu den ADABAS-Befehlen, die den Datenbestand verändern, gehören folgende drei: NEUZUGANG, AENDERN, LOESCHEN.

Mit dem NEUZUGANG-Befehl wird ein völlig neuer Satz dem Bestand hinzugefügt. Er ist anschließend voll in die Datenbank integriert, d. h. er kann wie jeder andere Satz gesucht (assoziiert), geändert oder gelöscht werden. Der neue Satz erhält automatisch vom System eine ISN (interne Satznummer), die er solange als Identifikationsgröße behält, bis er wieder gelöscht wird.

Alle Datenwerte werden auf formale Korrektheit geprüft.

Mit dem LOESCHEN-Befehl wird ein Satz aus dem Datenbestand gestrichen. Der Löschvorgang ist dabei echt, das heißt, daß der Satz anschließend nicht mehr auffindbar ist und außerdem der freigewordene Speicherplatz sowie die freigewordene ISN für neu einzuspeichernde Datensätze wieder verwendet werden können.

Mit dem AENDERN-Befehl kann man einen Satz in dem Datenbestand in irgendeiner Weise abändern. Dies kann dadurch geschehen, daß eine oder mehrere der folgenden Funktionen mit einer beliebigen Anzahl von Feldern des Satzes durchgeführt werden:

— der Inhalt des Feldes wird geändert
— der Inhalt des Feldes wird verlängert
— der Inhalt des Feldes wird verkürzt
— der Inhalt des Feldes wird gestrichen
— ein neues Feld wird dem Datensatz angehängt.

Die ersten vier Formen der Änderungen werden jedoch alle mit demselben Befehl abgehandelt, nämlich mit dem normalen Änderungsbefehl.

Als Eingabe dient dabei entweder:

— eine Folge von geänderten Feldern unabhängig von der zugehörigen Reihenfolge im internen Satz. Diese Form bietet sich zum Beispiel bei Direktbuchungssystemen an.

— ein geänderter beliebig aufgebauter Satz, aus dem ADABAS selbständig heraussucht, welche Felder wirklich geändert wurden. Diese Form entspricht vom Benutzerprogramm her gesehen dem „Zurückschreiben" in der klassischen Datenverarbeitung.

Wie man aus der Änderungsaufstellung ersieht, ist es auch möglich, für eine Datei ein völlig neues, bisher unerlaubtes Feld einzuführen.

Dieses Feldergänzen erfordert nur einen Schreibbefehl im Assoziator, da im Datenspeicher keinerlei Veränderungen vorgenommen werden müssen, denn bei allen Sätzen ist das neue Feld ja noch leer (hat noch keinen Wert und wird daher auch nicht gespeichert).

Im Zuge normaler Änderungsbefehle kann man dann den einzelnen Sätzen Werte für diese neuen Felder zuordnen. Im Gegensatz zur klassischen Datenverarbeitung berührt eine solche Erweiterung des internen Satzaufbaus einer Datei die Funktionsfähigkeit bestehender Benutzerprogramme nicht, da die Leseformate dieser Programme nicht mit dem internen Satzaufbau identisch sind.

8.3.3. Datenbankaufbau

Bestehende Dateien können nach Definition der Feldbeschreibung automatisch in die Datenbank geladen werden. Dabei werden alle Daten auf formale Korrektheit geprüft (ob z. B. dezimal gepackte Felder wirklich dezimal gepackt sind, etc.), Speicherbereiche werden aufgeteilt, alle Verwaltungstabellen werden aufgebaut und die Daten in komprimierter Form abgelegt. Zur Datensicherung läuft außerdem ein Datensicherungsband mit.

Es steht dem Benutzer frei, beliebige neue Satzaufbauten für die Datenbank zu entwerfen, insbesondere um eventuell heute vorhandene Redundanzen in der Datenspeicherung zu verhindern. Bei Versicherungsdaten eines Konzerns beispielsweise könnte man einen Satzentwurf wählen, der zu einer Person alle zugehörigen Versicherungsverträge zusammenfaßt.

Stamm-daten zur Person	Lebens-versiche-rung 1	Lebens-versiche-rung 2	KFZ Vers.1	KFZ Vers.2	Sach-vers. 1	Sach-vers. 2	Sach-vers. 3	----

Abb. 8-5 Komplexe Satzentwürfe für besondere Anwendungen

Trotz eines so abenteuerlich anmutenden Satzaufbaus wie in obiger Abbildung erhält jedes Benutzerprogramm diejenigen Satzformen, die es im Augenblick benötigt. Zum Beispiel wird ein Programm zum Schreiben einer Lebensversicherungspolice nur einige Stammdaten und die wenigen Felder zur Lebensversicherung anfordern, ohne irgendwie zu merken, daß in der internen Speicherung der Satz zu einer Person vielleicht 400 Felder beinhaltet.

8.3.4. Weitere Funktionen

Neben den vorgenannten kennt ADABAS eine Reihe weiterer Funktionen und Befehle.

Datensicherung

Da ein Datenbanksystem, wenn der Änderungsdienst parallel zu anderen Arbeiten läuft, in jedem Augenblick einen anderen Zustand haben kann, muß nach Maschinenausfall, fehlerhafter Programmbedienung o. a., ein schneller korrekter Restart möglich sein. Daher besitzt ADABAS ein umfangreiches Datensicherungssystem, um die einzelnen möglichen Fehlerfälle abzudecken:

— Im Zuge einer Datenbankänderung kann zwischen zwei notwendigen Schreibfehlern innerhalb eines AENDERN-Befehles die Maschine ausfallen. Der Datenbestand hat dann in diesem Augenblick einen sogenannten „ungültigen" Zustand, da der schon geänderte Block sich auf den noch nicht geänderten beziehen kann. ADABAS besitzt für diesen Fall den AUTORESTART, der den Datenbestand automatisch beim neuen Laden des Programmsystems auf den Zustand zurücksetzt, den er hatte, als der unterbrochene Befehl begann (Rücksetzen an Befehlsanfang).

— Benutzerprogrammfehler
Durch Fehler in einem Benutzerprogramm kann ein Änderungslauf vorzeitig abgebrochen werden und der Datenbestand ist dann logisch fehlerhaft geändert worden. Für diesen Fall gestattet ADABAS das Rücksetzen des Bestandes auf den Zustand bei Programmbeginn oder auf den Zustand bei einem von maximal 199 vom Benutzer zu definierenden CHECKPOINTS.

— Speicherfehler
Ein nicht lesbarer Block auf dem Datenspeicher kann von ADABAS automatisch regeneriert werden, da die stets mitlaufenden Sicherungsbänder von ADABAS so verwaltet werden, daß das System von jedem Block weiß, auf welcher Bandrolle er das letzte Mal gesichert wurde und bei jedem Änderungslauf ein Sicherungsband mitläuft.

Datenschutz

ADABAS sieht einen 15stufigen Datenschutz in drei Ebenen der zwei möglichen Bereiche vor:

Der erste Bereich ist der Schutz vor unbefugtem Zugriff.

Der zweite Bereich ist der Schutz vor unbefugter Änderung.

Dies bedeutet, z. B. daß eine Person mit der Stufe 12 alles anfragen bzw. ändern darf, was jemand der Stufe 11 darf, jedoch nicht umgekehrt Die Erlaubnisstufe 1 besitzt also die größte Einschränkung in bezug auf die Befugnis.

In jedem Bereich können drei Ebenen geschützt werden:

Die erste Ebene ist eine ganze Datei.

Die zweite Ebene ist der einzelne Satz.

Die dritte Ebene ist das einzelne Feld des Satzes.

In jeder dieser Ebenen gibt es 15 Schutzstufen, wobei die 1. Stufe die stärkste und die 15. Stufe die geringste Einschränkung erfährt.

Datenstatistik

Auf Wunsch führt ADABAS automatisch eine Statistik mit, die einerseits die Zugriffshäufigkeit, andererseits die Änderungshäufigkeit für jeden einzelnen gespeicherten Satz mißt. Mit dieser Statistik lassen sich je nach Anwendungsfall die „Dateileichen" sowie besonders interessante Objekte ermitteln.

Allgemeine Speicherverwaltung

Beim Aufbau einer größeren Datenbank ist es wünschenswert, nicht schon beim Anfangsladen den genauen Endausbau kennen zu müssen, und während des Aufbaus der Datenbank im Laufe von einigen Jahren immer nur den wirklich benötigten Speicher hardwaremäßig angeschlossen zu haben. Anders ausgedrückt möchte man die Datenbank sowohl datenmäßig als auch hardwaremäßig vergrößern. Daher sieht ADABAS die Verwendung und Ergänzung beliebiger Randomspeicher ohne Neuorganisation des Datenbestandes oder des Assoziators vor.

Sowohl der Assoziator als auch der Datenbestand kann auf die frei wählbaren, verschiedenen Speichertypen (kleine Platte, Trommel, große Platte, Magnetstreifen- oder Magnetkartenspeicher) untergebracht werden, wobei ein zu benutzender Speicher nur durch seine Adressierungsart und durch seine physikalischen Konstanten (Spurlänge, Spurzahl etc.) dem System definiert wird.

Einzige Voraussetzung für ADABAS ist die Ansprechbarkeit der Randomspeicher im logischen Ein/Ausgabesystem des betreffenden Betriebssystems. Nach automatischer Vorwarnung durch das System (wegen eines bald zu erwartenden Speicherüberlaufes) können jederzeit neue

Speichergeräte angekoppelt werden, ohne die bisherigen Datenbestände in irgendeiner Weise zu verändern.

8.4. Konfiguration und Betriebssystem

ADABAS ist für Bytemaschinen entwickelt worden, kann jedoch durch Umkodierung auch auf Wortmaschinen adaptiert werden. Der benötigte Speicherplatz beträgt ca. 105 KB, so daß 128 KB die Mindestausrüstung einer Maschine darstellt. Das System ist weitestgehend unabhängig von speziellen Betriebssystemen und ist für die Anlagen IBM 360 mit DOS oder OS (MFT bzw. MVT) und Siemens 4004 mit PBS verfügbar.

9. POLIS*

9.1. Einführung in das System

9.1.1. Name des Systems

POLIS ist ein Kurzform von POLI (d. h. vielseitig verwendbares) Informations-System.

9.1.2. Hersteller

POLIS wurde von der GfS Gesellschaft für Systementwicklung mbH, entwickelt und im Sommer 1970 zum ersten Mal vorgeführt. Das System ist zur Zeit verfügbar für Anlagen der IBM/360-Serie ab 64 k Kernspeicher und läuft unter dem OS- oder DOS-Betriebssystem.

9.1.3. Kurzbeschreibung

POLIS ist ein schnelles und flexibles Abfragesystem für Datenfiles. Es erhebt nicht den Anspruch eines voll ausgebauten Datenbanksystems, sondern ist zunächst gedacht als Informationssystem für Anwender, die über vorhandene Dateien verfügen, für die eine umfangreiche Datenbankorganisation jedoch zu aufwendig und zu wenig effektiv wäre. POLIS konzentriert sich im wesentlichen auf Abfragen an diese Datenbestände und in geringerem Maße auf Updatevorgänge. Fragen des Aufbaus, der Pflege, der Erweiterung der Dateien soll der Benutzer mit seinen vorhandenen Einrichtungen vornehmen.

Hervorzuheben ist die Benutzerfreundlichkeit des Systems POLIS Nach kurzer Einweisung ist jeder in der Lage, Anfragen an das System selbst zu formulieren, ohne Programmierkenntnisse besitzen zu müssen.

Eine Besonderheit des Systems ist die Implementierung der (bislang unbekannten) mnemotechnischen Indizierung, die es dem Benutzer erlaubt, auf Kenntnisse über die spezielle Datenstruktur sowie über Anzahl und Bedeutung von Indizes in indizierten Bereichen zu verzichten.

POLIS besteht im wesentlichen aus einem Sprachübersetzer, der die Abfrage des Benutzers in ein direkt ablauffähiges Maschinencodeprogramm überführt.

Der Benutzer braucht seine Dateien nicht speziell im Hinblick auf den Einsatz von POLIS anzulegen oder umzuorganisieren. Er gibt dem System den Aufbau seiner Dateien und deren Änderungen bekannt Sämtliche Informationen über die Dateien werden in Data-Description-Tables (DDT) gesammelt und in einer besonderen Datei gespeichert.

*) Dieser Beitrag wurde von Herrn Molzberger, GfS München, erstellt.

Diese DDT's enthalten auch die Steuerkarteninformation, so daß der Benutzer lediglich die Datei beim Namen zu nennen braucht.

9.1.4. Dokumentation

Dargestellt ist POLIS in dem Handbuch:
„Anleitung zum Gebrauch der Abfragesprache des Management-Informations-Systems POLIS"

9.2. Datenorganisation

9.2.1. Datenstruktur

Die Daten sind innerhalb eines Datensatzes in Strukturen gespeichert, wie sie aus COBOL und PL/1 bekannt sind. Strukturen dürfen beliebig tief hierarchisch gegliedert sein. Datenelemente können dezimal gepackt, als Zeichengrößen, als Binärzahlen (Halb- und Vollworte) sowie — falls besonders vorgesehen — als Gleitkommazahlen vereinbart werden. Eindimensionale indizierte Bereiche sind an beliebiger Stelle zugelassen, auch als indizierte Oberbegriffe. Nicht erlaubt sind jedoch Bereiche von Bereichen.

Zusammengehörige Datenelemente, d. h. solche, die unter dem gleichen Oberbegriff zusammengefaßt sind, brauchen physisch im Datensatz nicht zusammenzustehen. Eine POLIS-Struktur kann nachträglich über einem vorhandenen Datensatz definiert werden, wobei auch Felder des Datensatzes ausgespart werden können. Hieraus ergibt sich die Möglichkeit, mehrere Strukturen zu einem Datensatz festzulegen, die jeweils nur zu bestimmten Stellen den Zugang gestatten (Datenschutz über ein Password). Ein Beispiel einer POLIS-Struktur zeigt Abb. 9-1.

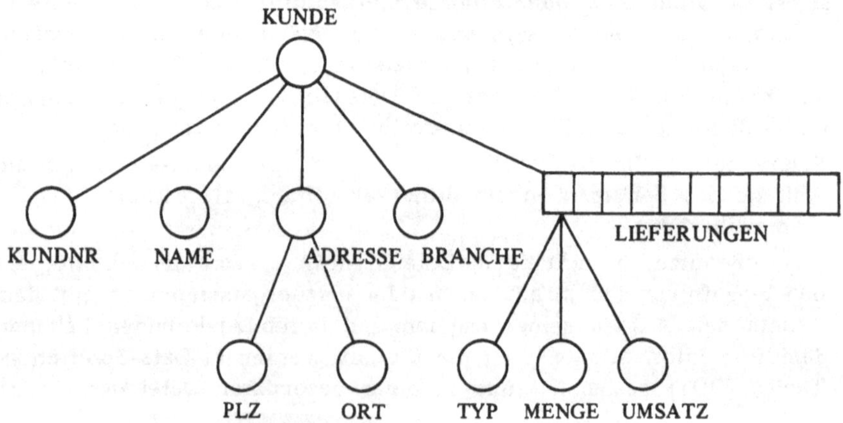

Abb. 9-1 Beispiel einer POLIS-Struktur

Es handelt sich um einen sehr vereinfachten Kundensatz. Um die Arbeit mit indizierten Bezeichnern zeigen zu können, besitzt der Satz einen mehrfachen Bereich „LIEFERUNGEN“, der jeweils in „TYP“, „MENGE“ und „UMSATZ“ untergliedert ist.

9.2.2. Speicherungsform

POLIS bedient sich bei der Speicherung von Daten den Zugriffsmethoden des OS bzw. DOS/360 Betriebssystems. Nähere Einzelheiten sind der entsprechenden Systemliteratur zu entnehmen. Als Speichermedien kommen praktisch sämtliche Externspeicher des Systems in Frage. Die Speicherungsform kann sequentiell oder, bei Direktzugriffs-Speichern, indexsequentiell sein. Updatevorgänge sind ebenfalls lediglich auf Direktzugriffs-Speichern möglich. Zugelassen sind alle Dateien fester Satzlänge und fester Gliederung pro Datensatz.

In vielen Fällen, d. h. stets bei nicht bekanntem Ordnungsbegriff, wird die Datei sequentiell durchsucht.

9.2.3. Datenbeschreibung

Dateien existieren für POLIS nur, wenn eine DDT angelegt wurde. In dieser DDT sind alle Angaben über die Struktur der Datensätze und die Speicherung der Datei enthalten. Sämtliche DDT's sind in einer Datei zusammengefaßt. Bei einer Anfrage an das System POLIS wird zunächst eine der die Datei betreffenden DDT's gesucht und in den Kernspeicher geladen. Abb. 9-2 zeigt den wesentlichen Teil der Angaben, die der Benutzer machen muß, um eine DDT für die Struktur in Abb. 9-1 zu erzeugen:

Der Name der Datei sei K-DATEI, der Name der speziellen DDT, die hier erzeugt werden soll, heißt KUNDEN. Dieser Name wird später in POLIS-Abfragen benutzt. Die Codezahl 3 (vor dem Wort K-DATEI) gibt dem System bekannt, daß die erzeugte DDT im vorliegenden Fall neu aufzunehmen ist. Die hierarchische Stufennummer kann aus Übersichtlichkeitsgründen eingerückt geschrieben werden. Es folgt der maximal 15 Zeichen umfassende Bezeichner sowie eine Spalte für die obere Grenze indizierter Bereiche. LIEFERUNGEN mit der Untergliederung TYP, MENGE, UMSATZ ist 10fach indiziert. Die folgende Spalte gibt das Datenattribut (C = CHARACTER, D = DECIMAL PACKED) an. Die nächsten Spalten beinhalten die Zahl der Stellen hinter dem Komma sowie Dimensionsangaben, die bei Abfragen mit ausgedruckt werden sollen. Die letzten beiden Spalten enthalten die Adresse und Länge der Datenelemente innerhalb des Datensatzes. Bei indizierten Bereichen beziehen sich diese Angaben auf das erste Element.

EINGABE-PROTOKOLL POLIS-TAFEL

3 K-DATEI KUNDEN SQ 250

1	KUNDE					0	
2	NAME		C			0	12
2	ADRESSE					12	
3	PLZ		C			12	4
3	ORT		C			16	14
2	BRANCHE		C			30	10
2	LIEFERUNGEN	10				40	
3	TYP		C			40	5
3	MENGE		D		STCK	45	2
3	UMSATZ		D	2	DM	47	5

Abb. 9-2 Beschreibung der POLIS-Struktur aus Abbildung 9-1

9.3. Funktionen des Systems

9.3.1. Anfragen an das System

Eine POLIS-Abfrage besteht aus drei Teilen:

— Definitionsteil
— Bedingunsteil
— Anweisungsteil.

Während der Definitionsteil in jeder Frage enthalten sein muß, können Bedingungs- und Anweisungsteil wechselseitig ausgelassen werden. Der Bedingungsteil wird in einer Frage dann nicht verwendet, wenn man einzelne oder alle Elemente sämtlicher Datensätze einer Datei ansprechen möchte. Der Anweisungsteil fehlt in einer Frage, wenn man wissen möchte, welcher bzw. der wievielte Datensatz einer Datei den angegebenen Bedingungen genügt.

Der Definitionsteil

Der Definitionsteil leitet eine POLIS-Frage ein. Im Definitionsteil wird die Datei benannt, die man mit der Frage ansprechen bzw. bear-

beiten will. Dateien werden mit ihrem Namen, dem Dateinamen, benannt.
Der Definitionsteil wird durch das Schlüsselwort

HOLE

eingeleitet.
Hinter HOLE folgt der Name der Datei, die durchsucht und/oder deren Datensätze ausgegeben werden sollen.
Damit lautet der Definitionsteil für sequentielle Dateien:

HOLE Dateiname

Das Durchsuchen einer indexsequentiellen Datei von einem bekannten Schlüssel (Indexwort) bis zum Ende der Datei wird durch Angabe des Indexwortes hinter dem Schlüsselwort VON veranlaßt.
Die Angabe BIS bewirkt das Durchsuchen der Datei bis zu einem vorzugebenden Indexwort.
Soll eine Datei von einem Datensatz mit dem Indexwort 1 bis zu einem Datensatz mit dem Indexwort 2 durchsucht werden, so ist das 1. Indexwort hinter dem Schlüsselwort VON, das 2. Indexwort hinter dem Schlüsselwort BIS anzugeben.
Soll nur zu einem Datensatz einer Datei zugegriffen werden, so schreibt man das Schlüsselwort NR.
Damit sind folgende Beispiele möglich:

HOLE KUNDEN BIS 1000 .....
HOLE KUNDEN VON 1001 BIS 2000 .....
HOLE KUNDEN NR 128 .....

Der Bedingungsteil

Im Bedingungsteil sind die Kriterien formuliert, nach denen die Datensätze einer Datei durchsucht werden. Erfüllt ein Datensatz die benannten Bedingungen, so werden für ihn die im Anweisungsteil angegebenen Maßnahmen durchgeführt bzw. wenn der Anweisungsteil fehlt, wird die Nummer dieses Datensatzes ausgegeben.
Der Bedingungsteil wird durch das Schlüsselwort

WENN

eingeleitet. Hinter WENN kann eine beliebige Anzahl von Bedingungen angegeben werden, die miteinander durch die Schlüsselworte

UND und ODER

verknüpft sind. Vorrangigkeiten zwischen den Bedingungen werden mit Hilfe von Klammern ausgedrückt. Für die Anwendung von Klammern besteht keine Einschränkung; sie sind in beliebiger Anzahl und

Komplexität verwendbar. Ein Bedingungsteil kann z. B. folgendermaßen zusammengesetzt sein:

WENN (bed. 1 ODER bed. 2) UND (bed. 3 UND bed. 4) ODER (bed. 5)

(Die Zeichen & und | können anstelle der Schlüsselworte UND bzw. ODER verwendet werden.)

Jede Bedingung besteht aus
— Bezeichner
—Vergleichsoperator
— Konstante.

Als Vergleichsoperatoren sind zugelassen:
= gleich
¬= nicht gleich
> größer
¬> nicht größer
< kleiner
¬< nicht kleiner
<= kleiner gleich
>= größer gleich

Auch bei alphanumerischen Größen sind sämtliche Vergleichsoperatoren zugelassen, wobei die interne Codierung verglichen wird. Beispiel:

NAME > M

spricht alle Namen an, deren Anfangsbuchstabe zwischen M und Z liegt. Wertvoll ist diese Möglichkeit auch, um Zeitintervalle bei alphanumerisch gespeichertem Datum auszudrücken oder um im Kundensatz Postleitzahlen, die z. B. mit 8 beginnen, anzusprechen.

```
HOLE KUNDEN WENN
  (PLZ>8 UND PLZ< 9)
  UND
  (BRANCHE= TEXTIL ODER BRANCHE= PAPIER)
  UND ORT ¬= MUENCHEN .....
```

Bei der Auswertung des Bedingungsteils beim Ablauf einer POLIS-Frage werden nicht in jedem Fall sämtliche Bedingungen abgeprüft. Ist z. B. das erste Glied einer (auf gleichem Klammerniveau) durch UND verknüpften Kette von Bedingungen nicht erfüllt, so ist die ganze Kette nicht erfüllt und der Prozeß wird abgebrochen.

Indizierte Bezeichner

Die in Bedingungen verwendeten Bezeichner dürfen auch indiziert sein. Dabei können einzelne, einige oder alle Datenelemente eines indizierten Bereichs angesprochen werden. Die Zählung der Datenelemente beginnt bei 1 und geht bis zum letzten Datenelement. Einige Beispiele sollen den Umgang mit indizierten Bezeichnern erläutern:

UMSATZ (5) > 10000	Die Bedingung gilt für das angegebene Datenelement.
UMSATZ (2 . . 5) > 10000	Sämtliche Datenelemente zwischen 2 und 5 sind angesprochen. Wenigstens eins muß der Bedingung genügen.
UMSATZ > 10000	Ist der Index weggelassen, so soll die Bedingung für ein beliebiges Datenelement des Bereichs erfüllt sein.

Die Funktion ALLE

Die Bedingung, die an indizierte Bezeichner gestellt wird, verlangt unter Umständen, daß diese Bedingung von allen Elementen dieses Bezeichners erfüllt sein muß. Diese Möglichkeit, alle Datenelemente eines Bereiches auf Erfüllung der Bedingung zu untersuchen, ist mit der Funktion

ALLE Bezeichner

gegeben. Dieser Ausdruck mit dem Schlüsselwort ALLE und dem Bezeichner wird in der Einzelbedingung an die Stelle des Bezeichners gesetzt.

Durch Angabe von Indizes können die Elemente, die auf Erfüllung der Einzelbedingung überprüft werden, eingeschränkt werden, z. B.:

ALLE UMSATZ (1 . . 3) > 0

d. h. jedes der Felder UMSATZ (1 . . 3) soll einen Wert größer als Null enthalten.

Werden mehrere Datenelemente eines indizierten Bezeichners in einem Vergleich angesprochen, so werden die einzelnen Datenelemente mit dem ersten beginnend entsprechend den Anweisungen des Vergleichsoperators mit der im Vergleich angegebenen Konstanten solange auf Gleichheit, Ungleichheit etc. überprüft, bis das erste Datenelement gefunden ist, bei dem eine Übereinstimmung bzw. Nichtübereinstimmung festgestellt wurde. Alsdann wird der Prozeß aus Zeitgründen abgebrochen, ohne die restlichen Felder noch zu prüfen.

Mnemotechnische Indizierung

Daten in indizierten Feldern können in POLIS über den Index angesprochen werden. Das setzt jedoch voraus, daß der Benutzer weiß, unter welchem Index welche Bedeutung aufzufinden ist. Beispielsweise können 12 Gehälter in den Monaten Januar bis Dezember unter den Indizes 1 bis 12 gespeichert sein, so daß z. B. das Mai-Gehalt unter GEHALT (5) zu finden wäre.

Häufig ist die Zuordnung von Index und Bedeutung nicht so einfach. Beispielsweise könnte ein Autohändler die Zahl der einem Kunden jeweils verkauften VW's unter Index 1, die der Opel unter Index 2 und die der Ford unter Index 3 usw. speichern, wenn er die Vorteile indizierter Bereiche nutzen will.

Da POLIS in der Absicht konzipiert wurde, dem Benutzer möglichst wenig Wissen über die Speicherung der Daten aufzubürden, wurde die mnemotechnische Indizierung implementiert, bei der der Benutzer nicht einen numerischen sondern einen auf den Inhalt bezogenen Index benutzt.

Zu diesem Zweck lassen sich im Datensatz sogenannte korrespondierende Bereiche definieren, d. h. indizierte Bereiche gleicher Länge, die Index für Index über den Inhalt logisch miteinander verknüpft sind.

Beispiel: Die 12 Monatsgehälter sollen mit Hilfe des Monatsnamens ansprechbar sein.

Dazu werden neben den 12 Feldern für die Gehälter weitere 12 Felder definiert, in denen die Monatsnamen gespeichert sind, entweder hintereinander

```
.
.
.
.
3 GEHALT (12) DEC.....
3 MONAT (12) CHAR ....
```

oder abwechselnd über einem indizierten Oberbegriff:

```
.
.
2 GEHAELTER (12)
   3 GEHALT  (1) DEC...
   3 MONAT   (1) CHAR ..
```

Ein mnemotechnischer Index steht, wie ein numerischer, in Klammern hinter dem Bezeichner. Zusätzlich wird er zur besseren sprachlichen Formulierung durch das Schlüsselwort BEI vor der Klammer gekennzeichnet. Die Abfrage des Mai-Gehalts kann damit, statt GEHALT (5) auch lauten: GEHALT BEI (MONAT = MAI).

Den Benutzer braucht hierbei weder die Anordnung der Datenbereiche, noch deren Feldanzahl (höchster Index) noch die Verteilung der Bedeutungen auf die Indizes zu interessieren. Der letztgenannte Vorteil wird klar im Beispiel des Kundensatzes.

Angenommen, unter TYP wären als Daten gespeichert:

TYP (1) = VW
TYP (2) = OPEL
TYP (3) = FORD
.
.
.
.

Bei der Frage nach den verkauften Opeln kann man statt MENGE (2) auch formulieren:

MENGE BEI (TYP = OPEL)

Die beiden korrespondierenden Bereiche, GEHALT und MONAT bzw. MENGE und TYP, sind grundsätzlich gleichberechtigt, so daß Bezeichner und Index vertauscht werden können.

Die Formulierung

TYP BEI (MENGE > 10)

spricht alle diejenigen Pkw-Typen an, von denen mehr als 10 verkauft worden sind.

Diese Möglichkeit ist mit den numerischen Indizes nicht gegeben. Sie erweist sich als besonders vorteilhaft in Fällen, in denen eine starre Zuordnung zwischen Index und Inhalt des Feldes nicht möglich oder zu platzaufwendig ist.

Wenn z. B. in einer Personaldatei in jedem Datensatz ein indizierter Bereich für Kinder vorgesehen ist, in dem Vorname, Geburtstag, Geschlecht usw. stehen, so ist keinerlei durchgehende Beziehung zwischen Index und Inhalt festlegbar. Die Aufgabe etwa, bei jedem Datensatz die Vornamen der Kinder, die nach dem 1. 6. 1960 geboren sind, festzustellen, wäre ohne die mnemotechnischen Sprachelemente kaum lösbar.

VORNAME BEI (GEB-DATUM > 600106)

Verknüpfung von Bedingungen innerhalb mnemotechnischer Indizes

Innerhalb mnemotechnischer Indizes sind wiederum Verknüpfungen von Bedingungen erlaubt. POLIS bietet die Möglichkeit einer beliebigen Verknüpfung mit Hilfe der Schlüsselworte UND und ODER sowie einer beliebig tief geschachtelten Klammerung, die nach den gleichen Regeln erfolgt wie bei der bereits bekannten Verknüpfung von Bedingungen an einen Datensatz. Voraussetzung ist selbstverständlich, daß sämtliche Bezeichner in korrespondierenden Bereichen indiziert sind. Alles andere wäre logisch sinnlos. Die Möglichkeiten sollen an drei Beispielen dargestellt werden:

— MENGE BEI (TYP = VW ODER TYP = Opel)

das wäre identisch MENGE (1 . . 2)

— TYP BEI (MENGE > 5 UND MENGE < 10)

d. h. Typen, von denen zwischen 5 und 10 Stück verkauft wurden.

— TYP BEI ((UMSATZ > 60000 UND UMSATZ < 100000)
ODER
(MENGE > 10 UND MENGE < 18)) . . .

d. h. Typen, deren Umsatz zwischen 60000 und 100 000 DM liegt oder von denen zwischen 10 und 18 Stück geliefert wurden, sind angesprochen.

Mischung von numerischen und indizierten Bezeichnern

Numerische und mnemotechnische Indizes können in POLIS miteinander verknüpft werden, d. h. ein Bezeichner kann sowohl einen numerischen als auch einen mnemotechnischen Index tragen. Das wird am besten anhand eines Beispiels klar:

TYP (1 . . 3) BEI (MENGE > 10)

Der erste Index beschränkt den Bezeichner auf die Felder 1 bis 3, der zweite stellt eine Forderung an den korrespondierenden MENGE-Bereich. Insgesamt werden unter den Typen VW, OPEL und FORD einer gesucht, von dem mehr als 10 geliefert wurden.

Querschnittsrecherchen im Bedingungsteil

Für indizierte Bezeichner mit numerischen Datenelementen besteht die Möglichkeit, Rechnungen über diese Datenelemente durchzuführen. Erlaubt sind Summen-, Minima- und Maxima-Bildung. Die verschiedenen Operationen werden mit nachstehenden Schlüsselworten, gefolgt vom Bezeichner, über dessen Datenelemente die Recherchen durchzuführen sind, ausgedrückt:

Summenbildung: SUM Bezeichner
Maximalbildung: MAX Bezeichner
Minimalbildung: MIN Bezeichner

Dieser Ausdruck mit dem Schlüsselwort und dem Bezeichner, über dessen Datenelemente die Querschnittsrecherche durchzuführen ist, werden in die Bedingung anstelle des Bezeichners gesetzt.

Die Querschnittsrecherchen können durch Angabe von numerischen und mnemotechnischen Indizes eingeschränkt werden.

Beispiele:

SUM UMSATZ (1 . . 3) $>$ 60000

d. h. die Summe der Umsätze für VW, OPEL und FORD soll größer als DM 60 000,-- sein.

MAX UMSATZ BEI (TYP = VW ODER TYP = OPEL ODBR
TYP = FORD) $>$ 30 000

hier ist das Maximum der Umsätze bei den 3 Typen angesprochen.

Der Anweisungsteil

Für Datensätze, die die im Bedingungsteil geforderten Kriterien erfüllen, wird im Anweisungsteil die Ausgabeaktionen veranlaßt.

Bei Plattendateien ist zusätzlich Updaten möglich (siehe 9.3.2.). Die einzelnen Ausgabe- und Update-Aktionen werden jeweils mit dem Schlüsselwort

DANN

eingeleitet.

Die Datenelemente der Datensätze, die die gestellten Bedingungen erfüllt haben, können in zwei Formaten ausgegeben werden:

— Standardausgabeformat,
— Tabellenausgabeformat.

Bei der Standardausgabe wird jeweils ein Bezeichner zusammen mit seinen Datenelementen in einer Zeile nebeneinander ausgegeben. (Bei der Ausgabe strukturierter Dateien wird bei Änderung der Stufennummer (Bezeichnerhierarchie) gegenüber der vorgehenden Zeile ein- bzw. ausgerückt.)

Bei der Tabellenausgabe werden die Bezeichner mit ihren Datenelementen in einer Tabelle ausgegeben. Dabei stehen die Bezeichner am Beginn jeder Seite, darunter werden die Datenelemente aufgelistet.

Die Standardausgabe

Die Standardausgabe wird mit den Schlüsselworten

DANN DRUCKE

begonnen. Hinter DRUCKE folgen die Bezeichner, die mit ihren Datenelementen ausgegeben werden sollen bzw. bei strukturierten Datensätzen die übergeordneten Bezeichner, deren untergeordnete mit Datenelementen ausgegeben werden sollen. Die einzelnen Bezeichner werden mit UND, &-Zeichen oder Komma voneinander abgetrennt, so daß die Standard-Druckanweisung sich z. B. folgendermaßen darstellt:

DANN DRUCKE KUNDNR, NAME UND ADRESSE

ADRESSE ist Oberbegriff, so daß die untergeordneten Bezeichner angesprochen werden. Es ergibt sich folgendes Druckbild:

```
KUNDNR  = 479361
NAME    = SCHULZE
ADRESSE
    PLZ = 8000
    ORT = MUENCHEN
```

Ähnlich wie im Bedingungsteil können indizierte Bezeichner auf vielfältige Art angesprochen werden.

Beispiele sind:

— DRUCKE UMSATZ (5)

— DRUCKE UMSATZ (2..4)

ergibt das DRUCKBILD:

UMSATZ (2) =10 000 DM (3) = 30 000 DM (4) = 0 DM

— DRUCKE UMSATZ

liefert sämtliche Werte der Tabelle.

Querschnittsrecherchen bei der Standardausgabe

Auch im Druckteil sind Querschnittsrecherchen anweisbar. Die Ergebnisse dieser Recherchen werden ausgedruckt. Zusätzlich bietet POLIS hier folgende Möglichkeiten:

Es kann die Funktion ANZ benutzt werden. Mit ANZ wird bei Querschnittsrecherchen die Anzahl der Datenelemente eines Bereichs ermittelt, die die auf die Funktion ANZ folgende Nebenbedingung erfüllen bzw. die Anzahl der Elemente, die insgesamt im Bereich vorhanden sind.

ANZ UMSATZ (2..8) > 10 000

liefert z. B. die Anzahl der Felder zwischen den Indizes 2 bis 8, die einen Wert von mehr als 10 000 enthalten.

Es können Querschnittsrecherchen für skalare Bezeichner veranlaßt werden. Dabei wird die Recherche über alle Datensätze der Datei, die durch den Bedingungsteil ausgewählt wurden, durchgeführt.

Anstelle des Bezeichners steht im Anweisungsteil das Schlüsselwort für die Querschnittsrecherchen, gefolgt vom Bezeichner.

ANZ ORT = MUENCHEN

‚ORT' ist kein indizierter Bezeichner. Die Recherche wird über die Datensätze vorgenommen und liefert die Anzahl der Kunden in München (die dem Bedingungsteil genügen).

Bei indizierten Bezeichnern können Querschnittsrecherchen sowohl über die Datenelemente im Datensatz als auch über alle Datensätze der Datei durchgeführt werden:

Ist nur eins der obigen Schlüsselworte angegeben, so wird wie im Bedingungsteil die Querschnittsrecherche nur über die zum Bezeichner gehörenden Datenelemente im Datensatz ausgeführt.

SUM UMSATZ (2..8)

liefert für jeden einzelnen Datensatz die Summe der Umsatzfelder 2 bis 8.

Sind zwei Schlüsselworte angegeben, wobei die Schlüsselworte in beliebiger Art kombinierbar sind, so wird die Querschnittsrecherche sowohl über den Bereich als auch über den Datensatz ausgeführt. Das erste der beiden Schlüsselworte beschreibt die Querschnittsrecherche über die Datei, das zweite die über den Datensatz.

SUM SUM UMSATZ (2..8)

liefert die Summe der Felder 2 bis 8 summiert über alle Datensätze der Datei, die dem Bedingungsteil genügen.

MAX SUM UMSATZ (2..8)

Die Summierung erfolgt über den indizierten Bereich, die Maximumbildung über die Sätze der Datei.

ANZ SUM UMSATZ > 20 000

liefert die Zahl der im Bedingungsteil spezifizierten Kunden, für die der Gesamtumsaz über DM 20 000,-- liegt.

Mnemotechnische Indizes bei der Ausgabe

Nebenbedingungen waren im Bedingungsteil eingeführt worden und hatten den Sinn, dem Benutzer die Kenntnis der Bedeutung numerischer Indizes zu ersparen. Diesen Komfort besitzt auch der Ausgabeteil.

Es können Nebenbedingungen sowohl in der einfachen Ausgabeanweisung für indizierte Bezeichner als auch bei Querschnittsrecherchenanweisungen über die Datenelemente indizierter Bezeichner angegeben werden.

— DRUCKE UMSATZ BEI (TYP = VW)
— DRUCKE ANZ SUM UMSATZ BEI (TYP = VW ODER
TYP = OPEL)

Tabellenausgabe

Die Ausgabe in Tabellenform geschieht in der Form:

DANN TAB (Bezeichner, Bezeichner, ... Bezeichner)

Beispiel:
Die Anweisung

TAB (NAME, ADRESSE, UMSATZ (1 . . 2)

liefert ein Druckbild wie in Abb. 9-3 dargestellt.

NAME	PLZ	ORT	UMSATZ (1)	UMSATZ (2)
MAIER	5100	AACHEN	11420,50 DM	20000,00 DM
MUELLER	5000	KOELN	222432,00 DM	0,00 DM
SCHULZE	5600	WUPPERTAL	23400,00 DM	160000,00 DM
SCHNEIDER	4000	DUESSELDORF	0,00 DM	0,00 DM
HUBER	8000	MUENCHEN	0,00 DM	18520,00 DM

Abb. 9-3 Beispiel einer Tabellenausgabe

(Der Oberbegriff ADRESSE taucht nicht mehr auf.)

POLIS rechnet sich die notwendige Breite der Felder (für Bezeichner bzw. Datum) aus. Reicht die Breite des Schnelldruckerpapiers nicht aus, so wird die Tabelle in der Breite zerlegt und mit Anschlußreferenzen nacheinander gedruckt.

Bei der Tabellenausgabe sind ebenfalls Querschnittsrecherchen über indizierte Bezeichner möglich. Auch mnemotechnische Indizierung ist zulässig.

9.3.2. Datenbestandsänderung

Erweitern, Ändern und Pflege der Datenbestände gehören generell nicht zu den Aufgaben von POLIS, sondern sollen mit den entsprechenden Einrichtungen des Benutzers vorgenommen werden.

Vorgesehen ist in POLIS jedoch die sehr bequeme Möglichkeit, kleinere Mengen von Daten in den Beständen upzudaten. Gerade die kleinen Änderungen verlangen sonst häufig einen unverhältnismäßig großen Aufwand, da sie in sehr vielfältiger Form auftreten können.

Das Updaten

Bei Plattendateien erlaubt POLIS ein Updaten, d. h. die Datenelemente in den Dateien können durch Eingabe von außen beliebig geändert und auf den neuesten Stand gebracht werden. Der Update-Teil wird mit den Schlüsselworten

DANN SETZE

begonnen.

Hinter SETZE folgen die Bezeichner, deren Datenelemente geändert werden sollen, gemeinsam mit einem Gleichheitszeichen als Zuweisungszeichen und dem neu einzusetzenden Datenelement:

BEZEICHNER = Konstante

Bei indizierten Bezeichnern wird das Datenelement des Bereichs, das geändert werden soll, durch Angabe des Index qualifiziert.

Mehrfache Anweisungsteile

Innerhalb einer Abfrage können mehrere Anweisungsteile auftreten, z. B. meldet die Anweisung

DANN DRUCKE UMSATZ (4)
DANN SETZE UMSATZ (4) = 30 000
DANN DRUCKE UMSATZ (4)

zuerst den alten Stand, verändert ihn dann und druckt schließlich den neuen Stand des Umsatzes (4).

SETZE UMSATZ (4) = 30 000

Eine beliebige Anzahl von Änderungsanweisungen können verbunden mit UND im Update-Teil auftreten.

DANN SETZE TYP (4) = SIMCA UND MENGE (4) = 3

Hiermit wird das Datenelement 4 des Bezeichners MENGE auf 3 gesetzt, das 4. Datenelement des indizierten Bezeichners TYP erhält das Wort SIMCA.

Wie der Leser erkennt, ist das Verfahren von großer Flexibilität und Einfachheit, solange es sich um kleinere Korrekturen an den Datenbeständen handelt. Für ein routinemäßiges Updaten ist POLIS jedoch nicht geeignet.

9.3.3. Datenbankaufbau

Der Aufbau der Dateien erfolgt mit Hilfe der Software des Betriebssystems und wird von POLIS nicht unterstützt. Die Aufnahme neuer

Dateien sowie Änderungen in der Struktur der Benennung vorhandener Datenbestände werden POLIS über dafür vorgesehene Formulare bekanntgegeben.

9.4. Konfiguration und Betriebssystem

POLIS läuft zur Zeit auf Anlagen der IBM Serie 360 unter dem OS oder DOS-Betriebssystem ab 64 k Kernspeicher. Die Eingabe erfolgt über Kartenleser, die Ausgabe über Schnelldrucker. Außer den jeweils vorgesehenen Externspeichern für Daten und Adreßtafeln werden keine Anforderungen an die Konfiguration gestellt. In der Entwicklung befindet sich zur Zeit eine Version, die die Arbeit über Bildschirmarbeitsplätze gestattet sowie die Anpassung an das System Siemens 4004.

Glossary

Adresse

Die Adresse dient zum Wiederauffinden eines Speicherplatzes, sie kann absolut oder relativ zu einem festen Bezugspunkt angegeben sein.

Anker (Master, Root)

Als Anker wird der erste Satz in einer Kette bezeichnet. Da er als Einsprungspunkt in eine Kette dient, kann er Daten enthalten, die sich auf alle Glieder der zugehörigen Kette beziehen.

Basissprache

Unter der Basissprache (Gastgebersprache, Host Language) wird die Höhere Programmiersprache verstanden, die in einem Datenbanksystem den verfahrensorientierten Rahmen abgibt, um eine Verarbeitung der Daten im Arbeitsspeicher zu ermöglichen.

Betriebssystem (Operating System)

Betriebssystem nennt man den Komplex von Systemprogrammen, der das Arbeiten mit einer elektronischen Datenverarbeitungsanlage erst ermöglicht.

Das Betriebssystem weist u. a. folgende Bestandteile auf:

Supervisor (Monitor, executive routine)
EAS (Ein/Ausgabe-System)
Lader
Dienstprogramme
Testroutinen, Überwacher
Assembler
Compiler

Im allgemeinen befindet sich nur ein Kernteil des Betriebssystems im Arbeitsspeicher, die anderen Teile werden bei Bedarf von peripheren Speichern in den Arbeitsspeicher geladen.

Block

Ein Satz bzw. eine Gruppe von aufeinanderfolgenden Sätzen, die als physische Einheit behandelt werden und die kleinste adressierbare Einheit auf einem peripheren Speicher darstellt. Ein Block wird auch als physischer Satz oder Datenträgersatz bezeichnet.

Blocken, Blockungsfaktor, Ladefaktor

Das Zusammenfassen mehrerer logischer Sätze in einen Block nennt man Blocken. Die Anzahl der Sätze, die zu einem Block zusammengefaßt werden können, ist aus dem *Blockungsfaktor* oder *Ladefaktor* ablesbar.

Datei

Eine Zusammenfassung logisch zusammengehöriger Sätze gleichen Typs.

Daten

Allgemeine Bezeichnung für Buchstaben, Ziffern, Symbole, Kombinationen von diesen bzw. Bezeichnung von Gegenständen, Begriffen, Situationen, Bedingungen und anderen Faktoren.

Datenbank

Eine Zusammenfassung von Dateien bzw. Datenbeständen, die die Basis für ein formalisiertes Informationssystem in einem abgeschlossenen Organisationsbereich abgibt und die wesentlichste Grundlage für die Informationswiedergewinnung (information retrieval) bildet.

Die Dateien, aus denen eine Datenbank aufgebaut ist, können nach der Struktur der in ihnen vorhandenen Datensätze unterschieden werden. Die Sätze einer Datei heißen *formatiert*, wenn sie bezüglich ihres Formates (Feldaufbau, Feldfolge innerhalb eines Satzes und Länge des betreffenden Satzes) eindeutig definiert sind. Andernfalls heißen sie *unformatiert*.

Datenbankprozessor

All jene Makros, die gewisse Dienstleistungen in einem Datenbanksystem erbringen. Der Datenbankprozessor ist zusammengesetzt aus der Datenmanipulationssprache und dem I/O-Controller.

Datenbankbeschreibungssprache

Die Datenbankbeschreibungssprache stellt für den Benutzer eine softwaremäßige Unterstützung zur Erstellung eines Schemas (Datendefinitionstabelle) des gesamten Datenbestandes dar.

Datendefinitionstabelle

Sie enthält eine vollständige Beschreibung aller in einer Datenbank auftretenden Datenelemente mit ihren daten- und dateitechnischen Attributen. Die Datendefinitionstabelle (DDT) vermittelt den Programmen den Aufbau und die Struktur der anvisierten Datei. Die DDT kann mittels einer Datendefinitionssprache aufgebaut werden.

Datenelement

Die kleinste logische Einheit, die sich nicht aus weiteren logischen Einheiten zusammensetzt.

Datenendstation (Terminal)

Unter Datenendstation versteht man in erster Linie die E/A-Geräte Fernschreiber und Sichtgerät.

Datenfernverarbeitung

Datenfernverarbeitung beinhaltet Datenverarbeitung und Datenübertragung, wobei Datenverarbeitungsanlage und Datenendstation an geographisch verschiedenen Orten stehen. Es gibt zwei verschiedene Formen der Datenfernverarbeitung:

Verarbeitung im Realzeitverfahren; hier werden die von einer Datenendstation an eine EDVA übermittelten Daten sofort verarbeitet. Das Ergebnis wird unmittelbar wieder zur Datenendstation übermittelt. Verarbeitung im Stapelverfahren; die Verarbeitung der übermittelten Daten beginnt erst, wenn eine größere Menge von Eingabedaten vorhanden ist.

Daten-Management

Bildet die Gesamtheit der Systemdienste, die die Steuerung des Datenflusses zwischen Zentraleinheit und E/A-Einheiten (Physischer E/A-Modul) übernehmen und der Datenorganisation und -verwaltung (Logischer E/A-Modul) dienen.

Datenmanipulationssprache

Die Datenmanipulationssprache stellt in operierenden Systemen eine Sprache dar, mit deren Hilfe der Programmierer eine Transaktion der Daten zwischen Benutzerprogramm und Datenbank durchführt.

Datenverdichtung

Unter Datenverdichtung versteht man das Reduzieren eines Datenbestandes auf seinen für die Verarbeitung wesentlichen Inhalt, also das Entfernen redundanter Informationen. Diese Verdichtung wird einerseits aus speichertechnischen Gründen angestrebt – um nämlich auf Großraumspeichern Platz zu sparen –, andererseits zur besseren und konzentrierteren Darstellung von Informationen bei der Auswertung.

Feld

Ein Feld ist der Platz auf einem Speichermedium, der für die Aufnahme eines Datenelementes zur Verfügung steht. Er kann unter einem oder mehreren Feldnamen (label, item), die ihm zugeordnet sind, angesprochen werden.

Glied

Der erste Satz einer Kette wird als Anker bezeichnet, alle weiteren heißen Glieder. Sowohl Anker als auch Glieder sind Kettenelemente.

Hierarchie der Organisationseinheiten

Bit, Zeichen, Datenelement, Satz, Datei, Datenbestand, Datenbank (bit, character, data element, record, file, data base, data bank).

Indizierungsmethode

Ein Zugriff zu einem bekannten Datenelement auf Grund eines vorgegebenen Ordnungskriteriums setzt jeweils das Begriffspaar.

Ordnungskriterium – Adresse

voraus.

Wird diese Verbindung mittels eines Tabellenmechanismus (Indexliste) erzeugt, so spricht man von einer Indizierung.

Information

Sie ist hier eine logisch abgeschlossene Einheit, die sich aus Daten gemäß formaler Regeln zusammensetzt und von einem Sender (Mensch, Rechner) zu einem Empfänger (Mensch, Rechner) fließt.
Unterscheidung in:
— unformatierte Informationen
— formatierte Informationen

Bei *unformatierten Informationen* bestehen die Datenelemente aus den Worten der Umgangssprache, die Regeln ihrer Zusammensetzung aus der grammatikalischen Syntax.

Bei *formatierten Informationen* sind die Datenelemente Werte. Die Zusammensetzungsregeln ergeben sich aus vordefinierten Schemata; die Position der Information innerhalb eines Datensatzes bestimmt den Informationsinhalt.

Informationssystem

Informationssysteme sind Datenorganisationsformen auf Rechenanlagen, die bestimmte Vorgänge und Abläufe im Kommunikationsprozeß unterstützen. Diese Vorgänge und Abläufe müssen, damit sie überhaupt maschinell bearbeitet werden können, formalisier- oder automatisierbar sein.

Kette

Eine Kette ist eine Folge von Sätzen mit folgenden Eigenschaften:
— Jede Kette hat stets genau einen Anfang, den sogenannten Kettenanker.
— Jede Kette kann beliebig viele Glieder haben.

Anker und Glieder heißen allgemein auch Kettenelemente. Im Anker steht die Adresse des ersten Kettengliedes, in diesem die Adresse des zweiten Gliedes usw.

Logbuch

Als Logbuch bezeichnet man einen Datenträger, auf dem Ereignisse, die beim Verkehr mit der Datenbank auftreten, protokolliert werden.

Logische Adresse

Eine logische Adresse wird innerhalb eines Datenbanksystems geführt, um unabhängig vom Aufbau des Randomspeichers zu sein. Aus der logischen Adresse errechnet das System die physische Adresse, die dazu dient, den Speicherplatz auf dem Randomspeicher zu finden.

Management-Informationssystem

Für die Realisierung eines Management-Informationssystems bedarf es technischer Hilfsmittel. Modernes technisches Mittel ist die EDVA mit allen Raffinessen des derzeitigen Standes der Entwicklung. Dies betrifft in gleicher Weise Hardware und Software. Erst die Kombination Management und technisches Hilfsmittel EDVA in der Verwendung als Informationssystem ist als Management-Informationssystem zu bezeichnen.

Maschinenabhängige Datenunterteilung

Bit, Zeichen, Wort, Block, Datenträger (bit, character, word, block, file).

Multiprogramming

Mehrere voneinander unabhängige Programme werden verschachtelt verarbeitet. Die Verschachtelung der einzelnen Programme geht so vonstatten, daß während einer E/A-Operation eines Programmes A ein anderes Programm B bearbeitet werden kann.

Ordnungskriterium

Ein Ordnungskriterium dient zur Identifizierung von Sätzen gleichen Typs oder zur Identifizierung von Sätzen innerhalb einer Kette.

Passworte

Kennworte, die bestimmten Benutzern Zugang zu geschützten Bereichen bzw. Daten einer Datenbank ermöglichen. Mittels Passworten kann auch die Art des Zugriffs (Lesen, Schreiben, usw.) geregelt werden.

Regeneration

Um zu vermeiden, daß bedingt durch technische Pannen Datenbestände zerstört werden, müssen sogenannte Regenerationsverfahren eingesetzt werden. Der gesamte Datenbestand wird zum Beispiel zusätzlich auf einem Magnetband geführt, das auch ständig aktualisiert sein sollte. Mit Hilfe der Daten dieses Magnetbandes kann der Datenbestand dann wiederhergestellt werden.

Reorganisation

In gewissen Zeitabständen werden Reorganisationsverfahren notwendig werden, die die zwischenzeitlich veränderten Datenbestände der Datenbank bezüglich Speicherplatz, Zugriffszeit etc. optimieren.

Satz

Eine sachliche und/oder logische Einheit von Datenelementen, die unter einem oder mehreren Ordnungsbegriffen zusammengefaßt werden.

Satztyp

Sätze in einer Datenbank unterscheiden sich hinsichtlich Länge, Aufbau, Format etc. Sätze gleicher Struktur und gleichen Aufbaus haben denselben Satztyp.

Seite

Eine Seite bildet die kleinste logische Transporteinheit zwischen dem externen Speichermedium und dem Arbeitsspeicher. Sie kann aus einem oder mehreren physikalischen Blöcken bestehen.

Speicherungs- und Verarbeitungsform

Die Speicherungsform gibt an, wie der Bestand auf dem Datenträger organisiert und abgelegt ist. Die Verarbeitungsform definiert die Art des Zugriffs auf diesen Bestand.

Time Sharing

Mehrere voneinander unabhängige Programme werden verschachtelt verarbeitet (Teilnehmerrechnersystem). Dabei erhält jeder Teilnehmer eine bestimmte Rechenzeit, in der sein Programm stückweise abgearbeitet wird.

Utilities

Hierunter werden Dienstleistungsroutinen verstanden, die einen wirtschaftlichen Betrieb in einem Datenbanksystem gewährleisten.
Beispiele sind u. a.:
DUMP, KOMPRESSOR, STATISTIK, REORGANISATION, REGENERATION, ARCHIVIERUNG.

Literaturverzeichnis

Building corporate data systems. In: EDP Analyzer 5 (1967) No. 4.

Data Management: File Organization. In: EDP Analyzer 5 (1967) No. 12.

Dworatschek, Sebastian: Management-Informations-Systeme. Walter de Gruyter & Co., Berlin, New York 1971.

Fischer, R. A., und Walter, H. (Hrsg.): Informationssysteme in Wirtschaft und Verwaltung. Walter de Gruyter & Co., Berlin, New York 1971.

Fry, Gosden: Survey of Management Information Systems and their Languages. Mitre Corporation, Washington, D. C. 1969.

Ganzhorn, K., und Tjaden, K. (Hrsg.): Was ist Software? Köln-Braunsfeld.

GES-Forschungsbericht, Vergleich von Datenbanksystemen. 1970.

Gruenberger, F.: Critical factors in data management. Prentice-Halle, Englewood N. J. 1969.

Koreimann, Dieter: Methoden und Organisation von Management-Informationssystemen. Walter de Gruyter & Co., Berlin, New York 1971.

Lutz, Theo: Adreßketten und Datenbanktechniken. In: Bürotechnik und Automation 9 (1968) Heft 4, S. 178—186.

Lutz, Theo: Direktanfragen an eine Datenbank. In: Bürotechnik und Automation 9 (1968) Heft 3, S. 96—100.

Lutz, Theo, und Herbert Klimesch: Management Information Systems (MIS). Die Datenbank und ihre Probleme. In: IBM Nachrichten 18 (1968) Heft 192, S. 457—464.

Löbel, Müller, Schmid: Lexikon der Datenverarbeitung. Siemens AG, Berlin, München 1969.

Martine, R. L.: The Language of Information System. In: Data Processing Magazine 8 (1967) No. 2, S. 24—27; No. 3, S. 30—33.

Meadow, Charles T.: The Analysis of Information Systems. John Wiley & Sons. Inc., New York 1967.

Rosen, Saul: Programming Systems and Languages. McGraw-Hill, New York 1967.

Samuelson, Kjell: Mechanized Information Storage, Retrieval and Dissemination. Proceedings of the F. I. D./I. F. I. P. Joint Conference Rome. North Holland Publishing Company, Amsterdam 1968.

Schlitzer, Gernot: Datenbanken und Informationssysteme. Manuskript der internen AEG-Telefunken Schulung 1970.

Wedekind, Hartmut: Datenorganisation. Walter de Gruyter & Co., Berlin 1970.

Wegner, Peter: Programming Languages, Information Structures and Maschine Organization. McGraw-Hill, New York 1968.

Systemliteratur

ADABAS: ADABAS — Kurzbeschreibung.
ADABAS — Benutzerhandbuch.

CODASYL: Data Base task group report to the CODASYL programming language commitee, Report October 1969.
COBOL extensions to handle data bases, Report January 1968.

DBS: DBS 440. Datenbanksystem TR 440. Handbuch für die Organisation und Programmierung.

Diebold Research Program — Europe. „Data Management Software".

GIS: Theo Lutz: GIS, Ein Exekutivsystem für Datenbankprobleme. Aus IBM-Nachrichten Nr. 195, 196, 1969.
System/360 Generalized Information System. Application Description Manual H20-0574-0.

IDS: Serie GE 400 IDS/COBOL BOS/MT. General Electric Ref. Nr. 18.30.202.D1.
Serie GE 400 IDS/COBOL für DAPS, DPS, MTPS. General Electric Ref. Nr. 18.30.207.D.

IMS: Herbert Klimesch: Information Management System (IMS). IBM Nachrichten 195.
Information Management System/360 for the IBM System/360. Application Description Manual H20-0524-1.

POLIS: Anleitung zum Gebrauch der Abfrage-Sprache des Management-Informations-Systems POLIS. GfS Gesellschaft für Systementwicklung mbH.

Stichwortverzeichnis

ADABAS 114 ff.
Adreßindex 32
Adreßkette 35, 39 ff., 66 ff., 102 ff.
Adreßstruktur 32
AENDERN 112
Anker (siehe auch Master) 40, 102 f.
Anweisungsteil 137
Assoziator 117

Bedingungsteil 131 f.
Bereich 17
Bit 21
Block 22 f., 30
Blockungsfaktor 22
Byte 22

Coderedundanz 46
CREATE 80, 89

Datei 16
Dateiebene 49
Daten 14 f.
Datenbank 17
Datenbankbeschreibung 107
Datenbankprozessor 47
Datenbankstenogramm 68
Datenbeschreibung 15 f.
Datenbeschreibungssprache 48 f., 51 f.
Datenelement 16
Datengruppe 16
Daten-Management-Ebene 49
Datenmanipulationssprache 49 ff.
Datensatz (siehe Satz)
Datensicherung 124
Datenspeicher 117
Datenträger 24 ff.
Datenverdichtung 45
DBD 91, 95 f.
DBS 101 ff.
DBS-Befehle 101
DBS-Parameter 101
DDT 48, 84, 127
Definitionsteil 130 f.
DELETE 77 f., 98
Dependent 93
Detail (siehe auch Glied) 66
direkte Adressierung 35, 37
DL/1 91
Duplikate 35, 41

Einfachsatz 18
Exekutiv-System 49, 53

Feld 16
Feldverkürzung 46
Formatierer 101

Gebiet 108
GET 97
Glied (siehe auch Detail) 40, 102 f.
GIS 80 ff.
GIS-Basic 90
GIS-Bibliothek 90

Hardware-Komponente 13
HISAM 93
HOLD-DATEI' 81
HOLEN 111
HSAM 93

IDS 64 ff.
IDS-Section 72
IMS 91 ff.
Indextabelle 31 f.
indirekte Adressierung 35, 38 f.
indizierte Bezeichner 132
INSERT 99
ISAM 92 ff.

Kette (siehe Adreßkette)
— geschlossene Kette 42
— offene Kette 40
— Rückwärtskette 42 f.
— Teilkette 42
— Totalkette 41
Kommunikationssprache 50 f.

Liste 17
LOESCHEN 113
Logbuch 90

Master (siehe auch Anker) 66, 82
Matrix 17
mehrdimensionale Indizierung 32
Mehrfachsatz 18 ff.
mnemotechnische Indizierung 133 ff.
MODIFY 76 f., 80, 88 f.
MULREC-Datei 81

operierendes System 49, 53
Ordnungsnummer, -kriterium 17, 27, 31, 37 f.
OSAM 92 ff.

Page (siehe auch Seite) 64, 68
PAGE-HEADER 68

physischer Satz 22 f., 30
POLIS 127 ff.
Programmbasis 14
Protokoll 100

Querindizierung 32, 42
QUERY 80, 86 f.

Randomgenerator 71
Randomspeicher 24, 27, 29, 39
RECOVERY 78 f.
Restart 100
RETRIEVE 75 f.
ROOT-Segment 93

Satz 16, 82
Schubladentechnik 46
Seite (siehe auch Page) 41, 104
Seitenkennsatz 105
Software-Komponente 13, 46 ff.
Speicherhierarchie 24 ff.
SPEICHERN 112
Speicherungsform 27 ff.
— gestreute 35 ff.
— index-sequentielle 31 ff., 107
— logisch fortlaufende 28 ff.
— starr fortlaufende 27 f.
Standardausgabe 137
Stellenauswahlverfahren 39
STORE 77
Struktur 17
Strukturdatei 17, 39
Subordinate 83
Synonym 38

Tabelle 18

Update 80, 89

Vektor 17
Verarbeitungsform (siehe Speicherungsform)
Vielfachindizierung 32 f.
Vielfachsatz 18, 20 f.

Wort 22

Zugriffssicherung 100

GES-SEMINARE FÜR ANGEWANDTE INFORMATIK

Die GES – Gesellschaft für elektronische Systemforschung ist eine gemeinnützige Vereinigung, die neben der Forschung auf dem Gebiet der elektronischen Datenverarbeitung das Ziel verfolgt, das starke Informationsbedürfnis auf diesem Fachgebiet zu befriedigen. Dies versucht sie in Form von Publikationen und Seminaren zu verwirklichen, wobei nicht die Unterrichtung fundamentaler EDV-Kenntnisse, sondern eine gehobene Wissensvermittlung im Vordergrund steht.

Für die Durchführung der Seminare stehen der GES eine Reihe von hochqualifizierten Referenten aus Wissenschaft und Praxis zur Verfügung. Neben aktiven Lehrmethoden wie dynamischer Gruppenarbeit, Diskussionen von Fallbeispielen aus der Praxis, Planspielen und Intensivtrainings durch systematisch aufeinander abgestimmte Kurzvorträge steht der Erfahrungsaustausch im Vordergrund der Seminararbeit.

Angesprochen werden in erster Linie all diejenigen, die sich mit angewandter Informatik befassen und sich über die neuesten Methoden und Techniken informieren möchten.

Schwerpunkt des Seminarprogramms liegt u.a. auf folgenden Themen:

Programmiertechnik
Datenbanken und Informationssysteme
Datenorganisation
Basissoftware
Simulationstechnik
Materialmanagement
Operations Research

Wollen Sie sich näher informieren?
Wir senden Ihnen gerne das detaillierte Seminarprogramm zu.

GES – Gesellschaft für
elektronische Systemforschung e.V.
D-7580 Bühl
Lassallestraße 3

Literatur zur Datenverarbeitung

Einführung in die Datenverarbeitung

Von **Sebastian Dworatschek.** 4. verbesserte Auflage. Groß-Oktav. Mit 266 Bildern, 189 Übungsaufgaben und einem Abbildungsanhang. XVI, 371 Seiten. 1971. Gebunden DM 24,— (de Gruyter Lehrbuch) ISBN 3 11 003669 X

IDV-Lernprogramm

Elektronische Datenverarbeitung

Ein PU-Lehrgang mit Steuertexten für Manager, EDV-Fachleute, Sachbearbeiter, Studenten, Allgemein Interessierte. Hrsg. vom IDV-Institut für elektronische Datenverarbeitung, Zürich, in Verbindung mit dem Institut für Betriebswirtschaft an der Hochschule St. Gallen. 2 Bände. Quart. Band I: XVI, 291 Seiten, Band II: 326 Seiten. DM 96,—. ISBN 3 11 003550 2

Die automatisierte elektronische Datenverarbeitung

und ihre Bedeutung für die Unternehmensleitung. Von **Andreas Diemer.** 2. überarbeitete und erweiterte Auflage. Groß-Oktav. Mit 37 Abbildungen und zahlreichen Tabellen, Ablaufdiagrammen und Beispielen. 294 Seiten. 1968. Gebunden DM 34,—. ISBN 3 11 000855 6

Schaltalgebra und digitale Grundschaltungen

(Teilprogrammierter Text). Von **Sebastian Dworatschek** unter Mitarbeit von **Hermann Gehring.** Mit zahlreichen Abbildungen und 73 Übungsaufgaben mit Lösungen. Groß-Oktav. 127 Seiten. 1970. DM 12,— (de Gruyter Lehrbuch) ISBN 3 11 000850 5

Regelkreistheorie und Datenverarbeitung

Herausgegeben von **D. Bell** und **A. W. J. Griffin.** Groß-Oktav. 264 Seiten. 1971. DM 48,—. ISBN 3 11 006430 8

Digitale Rechenautomaten

Eine Einführung. Von **Rainer Klar.** 205 Seiten. Mit 19 Tabellen, 75 Abbildungen und 37 Beispielen. 1970. DM 5,80 (Sammlung Göschen Band 1241/1241 a) ISBN 3 11 002793 3

Elektronische Tischrechenautomaten

Aufbau und Wirkungsweise. Von **Georg Mösl.** Groß-Oktav. 290 Seiten. Mit 68 Figuren und einem Abbildungsanhang. 1970. Gebunden DM 54,—. ISBN 3 11 000858 0

Aufbau und Arbeitsweise von Compilern

Von **Hans Jürgen Schneider.** Groß-Oktav. Etwa 160 Seiten. 1971. Etwa DM 28,—. In Vorbereitung. ISBN 3 11 002058 0

Einführung in die Programmierung digitaler Rechenautomaten

Von **Fritz Rudolf Güntsch** und **Hans Jürgen Schneider.** 3. Auflage. Groß-Oktav. Mit 3 Tafeln und vielen Textabbildungen. Etwa 388 Seiten. 1971. Etwa DM 54,—. ISBN 3 11 001969 8

Programmierung von Datenverarbeitungsanlagen
Von **Hans Jürgen Schneider** und **Dieter Jurksch.** 2. erweiterte Auflage. 145 Seiten. Mit 14 Abbildungen und 8 Tabellen. 1970. DM 5,80 (Sammlung Göschen Band 1225/1225 a) ISBN 3 11 006414 6

Einführung in das Programmieren in ALGOL
Von **Georg Bayer.** 2. verbesserte Auflage. Groß-Oktav. 172 Seiten. Mit 26 Abbildungen. 1971. DM 12,— (de Gruyter Lehrbuch) ISBN 3 11 002065 3

Programmierübungen in ALGOL 60
Von **Georg Bayer.** Unter Mitarbeit von **Lothar Potratz** und **Siegfried Weiß.** Groß-Oktav. 90 Seiten. 1971. DM 10,— (de Gruyter Lehrbuch) ISBN 3 11 006433 2

Einführung in das Programmieren
Teil 2: Programmieren in einer Assembler Sprache. Von **Georg Bayer.** Oktav. 132 Seiten. 1969. DM 12,— (de Gruyter Lehrbuch) ISBN 3 11 000926 9

Einführung in das Programmieren in FORTRAN
Von **Wolfgang E. Spieß** und **Friedrich G. Rheingans.** 2. erweiterte und verbesserte Auflage. Groß-Oktav. 216 Seiten. Mit 19 Abbildungen und 13 Tabellen, Programmierbeispielen und Übungen. 1971. DM 14,— (de Gruyter Lehrbuch) ISBN 3 10 120570 3

Höhere FORTRAN-Programmierung
Von **Harald Siebert.** In Zusammenarbeit mit der Gesellschaft für elektronische Systemforschung. Groß-Oktav. Etwa 160 Seiten. 1971. Etwa DM 16,— (de Gruyter Lehrbuch) ISBN 3 11 003475 1

IDV-Lernprogramm FORTRAN
Ein PU-Lehrgang für Ingenieure, Techniker, Ökonomen und Naturwissenschaftler. Hrsg. vom IDV-Institut für elektronische Datenverarbeitung, Zürich, in Verbindung mit dem Institut für Betriebswirtschaft an der Hochschule St. Gallen. Quart. Etwa 200 Seiten. 1971. Etwa DM 38,—. ISBN 3 11 003576 6

Datenorganisation
Von **Hartmut Wedekind.** Groß-Oktav. 271 Seiten. Mit 152 Abbildungen. 1970. Gebunden DM 28,—. ISBN 3 10 140870 1

Organisations-Handbuch für die Einführung von ADV-Systemen
Systemplanung, Systemanalyse, Systemeinführung. Von **Eberhard Parisini** und **Otto Wächter.** Groß-Oktav. 304 Seiten und 2 Falttafeln. Mit zahlreichen Abbildungen und Beispielen. 1971. DM 48,—. ISBN 3 11 001597 8

Management-Informations-Systeme
Von **Sebastian Dworatschek.** Groß-Oktav. 214 Seiten. 1971. Gebunden DM 42,— (Informations-Systeme) ISBN 3 11 003549 9

Methoden und Organisation von Management-Informations-Systemen
Von **Dieter S. Koreimann.** Groß-Oktav. 176 Seiten. 1971. Gebunden DM 34,— (Informations-Systeme) ISBN 3 11 003552 9

Computer und Management
Von **Donald H. Sanders.** Groß-Oktav. Etwa 480 Seiten. Mit 48 Abbildungen und Tabellen. Gebunden etwa DM 60,—. In Vorbereitung. (Informations-Systeme) ISBN 3 11 001979 5

Informationssysteme in Wirtschaft und Verwaltung
Hrsg. von **Rolf A. Fischer** und **Helmut Walter.** In Zusammenarbeit mit der Gesellschaft für elektronische Systemforschung. Mit einem Vorwort von Prof. Dr. K. Steinbuch. Groß-Oktav. 402 Seiten. 1971. DM 68,—. ISBN 3 11 002063 7

Strukturanalyse der maschinellen betrieblichen Informationsbearbeitung
Von **Arno Schulz.** Groß-Oktav. 297 Seiten. 1970. DM 52,— (Kommerzielle Datenverarbeitung) ISBN 3 11 000916 1

Optimierungskriterien in der Organisation der betrieblichen Datenverarbeitung
Von **Gerhard E. Ortner.** Groß-Oktav. Etwa 320 Seiten. 1971. Gebunden etwa DM 48,— (Kommerzielle Datenverarbeitung) ISBN 3 11 002049 1

Integrierte Datenverarbeitungssysteme für die Unternehmensführung
Von **Hans D. Kalscheuer.** 2. Auflage. Groß-Oktav. 121 Seiten. Mit 7 Abbildungen. 1969. Gebunden DM 28,— (Kommerzielle Datenverarbeitung) ISBN 3 11 000913 7

Investitionsentscheidungen mit Hilfe der elektronischen Datenverarbeitung
Von **Gerhard Niemeyer.** Groß-Oktav. Mit 27 Abbildungen und 23 Tabellen. 278 Seiten. 1970. Gebunden DM 68,— (Kommerzielle Datenverarbeitung) ISBN 3 11 002812 3

Personelle Organisation in der elektronischen Datenverarbeitung
Von **Eckart Zwicker.** 2. Auflage. Groß-Oktav. 102 Seiten. Mit 31 Abbildungen. 1969. Gebunden DM 28,— (Kommerzielle Datenverarbeitung) ISBN 3 11 000915 3

Elektronische Kosten- und Leistungsrechnung für Industriebetriebe
Von **Ernst Georg Lotz.** Groß-Oktav. 175 Seiten. Mit 34 Abbildungen. 1969. Gebunden DM 32,— (Kommerzielle Datenverarbeitung) ISBN 3 11 000914 5

Elektronische Datenverarbeitung in Kreditinstituten
Von **Horst Stevenson.** 2. verbesserte Auflage. Groß-Oktav. 178 Seiten. Mit 19 Abbildungen und 2 Klapptafeln. 1971. Gebunden DM 38,— (Kommerzielle Datenverarbeitung) ISBN 3 11 003474 3

Elektronische Datenverarbeitung in Handelsbetrieben
Von **Hans Robert Hansen.** Groß-Oktav. 202 Seiten. 1970. Gebunden DM 44,— (Kommerzielle Datenverarbeitung) ISBN 3 11 000917 X

Elektronische Datenverarbeitung in der Bekleidungsindustrie
Von **Norbert Herrmann.** Groß-Oktav. 138 Seiten. 1970. Gebunden DM 34,— (Kommerzielle Datenverarbeitung) ISBN 3 11 000918 8

FSC
www.fsc.org
MIX
Papier | Fördert
gute Waldnutzung
FSC® C083411

Zeitfracht Medien GmbH
Ferdinand-Jühlke-Straße 7
99095 Erfurt, Deutschland
produktsicherheit@kolibri360.de